G

19724

BIBLIOTHÈQUE
PORTATIVE
DES VOYAGES.
TOME XXXIX.

CONDITIONS DE LA SOUSCRIPTION.

L'ouvrage sera publié en 12 *livraisons*, qui seront mises en vente de mois en mois, à dater du 15 *Mai*; chaque livraison sera composée de 4 volumes; la dernière seule en aura 5, et sera néanmoins du même prix que les précédentes.

Le prix de chaque livraison, pour les personnes qui souscriront avant le 1er *Juillet prochain*, est fixé, sur papier fin, à . . . 5 fr.

Papier d'Angoulême, Nom-de-Jésus. 8

Papier vélin satiné, fig. avant la lettre. 10

Papier vélin satiné, Nom-de-Jésus, figures avant la lettre 15

Passé le 1er Juillet, le prix pour les non-souscripteurs, sera, en papier fin . . 6

Papier d'Angoulême, Nom-de-Jésus. 10

Papier vélin satiné. 12

Papier vélin satiné, Nom-de-Jésus. 20

Il faut ajouter 1 fr. 50 c. au prix de chaque livraison pour recevoir l'ouvrage franc de port par la poste.

ON NE PAYE RIEN D'AVANCE.

DE L'IMPRIMERIE DE G. MUNIER.—AN VII.

BIBLIOTHÈQUE
PORTATIVE
DES VOYAGES,

TRADUITE DE L'ANGLAIS

Par MM. HENRY et BRÉTON.

TOME XXXIX.

~~~~~~

VOYAGE DE BARROW.

TOME IV.

PARIS,

Chez Mme Ve LEPETIT, libraire, rue
Pavée-Saint-André-des-Arcs, n.° 2.

1817.

VOYAGE EN CHINE.

CHAPITRE IX.

Architecture. — Grande muraille. — Canal impérial. — Cimetières. — Histoire naturelle. — Médecine et chirurgie.

L'ARCHITECTURE chinoise manque dans son ensemble de solidité, d'élégance ou de pureté de dessin, et de proportions fixes ; elle est médiocre dans son apparence, et d'un travail grossier. Leurs pagodes de cinq, sept ou neuf étages, sont les objets les plus frappans ; mais quoiqu'elles paroissent l'imitation, ou peut-être plutôt les modèles des édifices de ce genre qu'on voit dans l'Inde, elles ne sont jamais ni aussi bien dessinées, ni aussi bien exécutées. En effet, elles sont si mal construites que la moitié de ces édifices, sans paroître d'une grande antiquité, tombent en ruines. On voit dans le jardin de Kew un échantillon de ces bizarres et inutiles bâtimens, et ils ne le cèdent point à ce que j'ai observé de plus beau en Chine. La hauteur des pagodes, la mauvaise qualité des matériaux dont on les construit, sont en contradiction avec le motif pour lequel, dit-on, les maisons de la Chine sont très-basses, c'est-à-dire, qu'elles sont moins exposées à souffrir des tremblemens de terre.

Le fait est que dans tous leurs édifices, les Chinois cherchent à imiter la forme des tentes. Le toit recourbé et cette colonnade de poteaux de bois autour d'un mauvais mur de briques, en démontrent clairement l'origine ; et jamais les Chinois n'ont essayé de déroger à cette forme originaire. Leurs temples sont presque tous construits sur le même plan, avec l'addition d'un second, et quelquefois d'un troisième toit l'un au-dessus de l'autre. Les colonnes de bois sont ordinairement de mélèze ; il n'y a point de proportion convenue entre leur longueur et leur diamètre ; elles sont uniformément peintes en rouge, et quelquefois vernissées.

Comme les coutumes et les modes ne sont pas les mêmes dans deux pays, quelques personnes ont soutenu qu'il n'y a point de bon goût. Les partisans de la doctrine que le goût naît de la coutume (1), diront qu'on ne peut pas donner de raison solide, de ce que les colonnes qui soutiennent le chapiteau dorique sont de deux diamètres plus courtes que celles qui sup-

---

(1) M. C*** traduit ainsi ce membre de phrase : « Les défenseurs du goût « s'élevant contre la coutume, préten-« dent, etc. » Non-seulement l'original dit tout le contraire, mais cette partie de la proposition se trouve en contradiction avec ce qui suit dans la version même de mon concurrent.

(*Note du Trad.*)

portent le chapiteau corinthien, et que c'est l'habitude seule de les voir construites ainsi, qui les fait trouver conformes aux règles.

Quoique les beautés respectives de ces colonnes puissent tenir en partie à l'habitude que nous avons de les voir toujours dans une proportion uniforme, cependant il faut avouer que dans les œuvres les plus parfaites de la nature, il y a une certaine harmonie, un concordance d'une partie avec l'autre qui, sans aucune proportion établie, ne manque jamais de nous plaire. Peu de personnes sont en contradiction sur ce qui constitue un bel arbre ou une jolie fleur, quoiqu'il n'y ait point de rapport fixe entre le tronc et les branches, entre la fleur et sa tige. La proportion ne suffit donc pas seule pour faire la beauté. Pour qu'un objet soit vraiment beau, il ne doit point y avoir de roideur, point de passage subit d'une ligne droite à une courbe; il faut que le changement soit aisé, qu'il ne soit pas visible dans une seule partie, mais qu'il se fonde imperceptiblement dans l'ensemble.

L'utilité est aussi considérée comme un des principes de la beauté. Dans la colonne chinoise écrasée par un toit énorme, sans base ni chapiteau, il n'y a point de symétrie de parties, point d'aisance, point d'utilité particulière. Ces figures difformes et monstrueuses de lions, de dragons, de serpens qui grimacent au sommet et aux angles des toits, ne montrent pas plus de goût, d'utilité ou de beauté.

« L'architecture chinoise, dit un « des panégyristes de ce peuple, « quoiqu'elle n'ait point de rapport « à celle de l'Europe, quoiqu'elle « n'ait rien emprunté des Grecs, a « je ne sais quoi de beau qui lui « est particulier. »

Ce je ne sais quoi lui est en effet tout particulier, et les missionnaires peuvent se flatter d'être les seuls qui verront jamais « des « palais dans les demeures de l'em- « pereur..... dont l'immensité, « la symétrie, la magnificence « des édifices annoncent la gran- « deur du maître qui les habite. »

La maison d'un prince ou d'un grand de la capitale ne se distingue guère de celle d'un marchand, que parce qu'elle comprend une plus grande superficie de terrain, ou en ce qu'elle est entourée d'une haute muraille. Nous logions à Pékin dans un de ces bâtimens. Le terrain avoit quatre cents pieds de longueur sur trois cents; il se divisoit en dix ou douze cours, ayant chacune deux, trois ou quatre maisons en forme de tentes, assises sur des terrasses élevées d'environ trois pieds au-dessus du pavé de tuiles de la cour. Des galeries formant des colonnades de piliers rouges menoient d'un bâtiment et d'une cour à l'autre, en sorte qu'on pouvoit visiter toutes les parties de l'édifice sans s'exposer au soleil ou à la pluie. Le nombre des colonnes de bois de toutes ces galeries étoit d'environ 900.

La plupart des appartemens n'étoient point plafonnés, et l'on apercevoit les solives du toit; d'autres avoient un léger plafond de lattes de bambou recrépies de plâtre. Les appartemens des femmes étoient de deux étages; celui de dessus ne recevoit point de jour, et ne valoit pas nos mansardes. Les planchers étoient carrelés de briques ou d'argile. Il n'y avoit point de vitres aux fenêtres; elles étoient remplacées par du papier huilé, de la gaze, des morceaux de nacre de perle ou des feuilles de corne.

Dans les coins de quelques chambres étoient des trous couverts de pierre ou de bois; c'étoient les foyers. La chaleur circuloit dans les appartemens comme autrefois à Rome, par des conduits pratiqués sous le carrelage ou dans l'épaisseur des murs. Ceux-ci étoient blanchis avec de la chaux de coquillages apportée des côtes.

On nous fit voir dans cet hôtel une salle de spectacle. Le théâtre étoit au milieu, et une espèce de galerie s'élevoit en face.

Il y avoit au milieu d'une pièce d'eau, un édifice de pierre qui représentoit un yacht de passage. Une des cours étoit hérissée de rochers, de sommités aiguës et d'excavations pour représenter la nature en miniature. Les bords de ces rochers étoient destinés à recevoir des fleurs favorites et des arbres nains, pour lesquels l'habileté des Chinois est connue.

Il n'y a point dans toute la Chine de cabinet d'aisances un peu décent : quelquefois on place un bâton au-dessus d'un trou creusé dans un coin ; mais en général ils font usage de grande jarres de terre à ouverture étroite. Il y avoit dans l'hôtel que nous occupions, un espace muré, où l'on avoit pratiqué en terre une rangée de petits trous carrés, revêtus de briques.

Après les pagodes, les objets les plus remarquables ce sont les portes des villes. Ce sont ordinairement des édifices carrés, élevés de plusieurs étages au-dessus de la voûte cintrée, et couverts, comme les temples, de deux ou de plusieurs toits, qui font une grande saillie. Mais le plus admirable de tous ces ouvrages de maçonnerie, c'est la grande muraille qui sépare la Chine de la Tartarie septentrionale. Elle est bâtie exactement sur le même plan que la muraille de Pékin : c'est une haute terrasse, revêtue de chaque côté de briques ou de pierres. La grandeur imposante de ces constructions ne tient pas tant au plan de l'ouvrage qu'à son immense étendue, qui est de 1500 milles anglais ; elle passe par-dessus des montagnes de 2 à 3000 pieds de hauteur ; elle franchit des rivières et des vallées.

Le même empereur à qui l'on attribue l'ordre barbare de détruire tous les ouvrages des sciences, éleva ce monument, qui n'a rien de pareil dans l'univers, sans en excepter même les pyramides d'Egypte, dont les plus hautes ne contiennent qu'une très-petite partie des matériaux employés dans la grande muraille de la Chine. Elle est en effet si énorme, qu'en admettant, ce qui, je crois, ne sera jamais contesté, que son étendue soit de 1500 milles, et que les dimensions soient à-peu-près les mêmes par-tout que dans la partie que traversa l'ambassade anglaise, les matériaux de toutes les maisons de l'Angleterre et de l'Ecosse, en les supposant au nombre d'un million huit cent mille, et en supposant que chacune contienne l'une dans l'autre 2000 pieds cubes de maçonnerie, n'équivalent point à sa masse. Je ne comprends même pas dans ce calcul les grandes tours saillantes dont elle est flanquée. Ces édifices seuls, en supposant qu'ils soient uniformément placés à chaque portée de trait, contiendroient autant de matériaux qu'il y en a dans toute la ville de Londres.

Pour donner une autre idée d'une masse aussi étonnante, j'observerai qu'on y trouveroit assez de matériaux pour construire deux murs qui embrasseroient chacun la circonférence d'un des grands cercles de la terre, et qui auroient six pieds de hauteur sur deux d'épaisseur. Il est vrai que je fais entrer dans cette supputation, la terre qui est encaissée au centre de la muraille.

Passons maintenant de cet objet, dont le célèbre docteur Johnson (1) disoit que ce seroit un honneur pour qui que ce fût de pouvoir se vanter que son grand père l'eût vu, à un autre monument, qui ne le cède pas au premier sous le rapport de la grandeur de l'entreprise, et qui le surpasse beaucoup par son utilité.

---

(1) M. C*** supprime ici deux ou trois mots de l'original, et traduit ainsi : « Parlons maintenant d'un objet duquel le célèbre docteur, etc. » Il y a contre-sens manifeste, puisque le traducteur applique au grand canal ce que Johnson a dit de la grande muraille.

(*Note du Trad.*)

Je veux parler du canal impérial, ou du grand canal, qui est d'une si prodigieuse étendue, que dans les fastes du monde on ne trouve rien de comparable. Je puis dire avec vérité, qu'eu égard à la grandeur, le plus beau canal de navigation de l'Angleterre ne peut pas plus être comparé à ce vaste courant d'eau qui traverse la Chine, que l'étang d'un parc ou d'un jardin ne sauroit être comparé au grand lac de Winandermère.

Les Tartares prétendent que le grand canal fut creusé dans le treizième siècle, sous le gouvernement des empereurs mongouls. Il est probable qu'une administration efféminée et vivant dans une honteuse mollesse, l'avoit laissé tomber en décadence, et que les Tartares, plus actifs, le reparèrent à neuf. A présent il n'offre pas les traces d'une grande antiquité. Les ponts, les pied-droits des écluses, les quais, les murs qui soutiennent les chaussées de terre sur les bords, sont assez modernes.

Que ce monument soit l'ouvrage des Chinois ou des Tartares, la conception d'une telle entreprise, la hardiesse de l'exécution, prouvent des lumières et un esprit d'industrie au-dessus de ce qu'on trouve aujourd'hui dans ce pays, chez l'une ou l'autre de ces nations.

Je vais essayer de donner en peu de mots une idée générale des principes sur lesquels cette grande entreprise a été dirigée. Toutes les grandes rivières de la Chine descendent des hauteurs de la Tartarie vers le nord du Thibet; elles traversent les plaines de l'ouest à l'est, jusqu'à leur embouchure dans la mer : le canal creusé du nord au sud coupe ces rivières à angles droits; les plus petites y versant leurs eaux, l'alimentent sans cesse. Les trois grands fleuves, savoir l'*E-Ho*, vers le nord ; le *fleuve Jaune* au centre, et le *Yang-tje-Kiang* au sud, font une intersection avec le canal, et portent à la mer le superflu de ses eaux.

Une foule d'obstacles ont dû s'opposer à la pénible tâche de faire accorder le niveau général du canal avec les différens niveaux de tous les courans d'eau qui s'y jettent. En effet, quelque favorable que fût à cet égard la surface du pays, il a cependant été nécessaire, dans plusieurs endroits, de creuser à une profondeur de soixante ou soixante-dix pieds ; dans d'autres il a fallu élever des chaussées sur des lacs ou des terrains marécageux ; chaussées d'une telle étendue, qu'il a fallu la toute-puissance du despotisme sur des multitudes d'hommes, pour achever une entreprise dont l'immensité n'est surpassée que par celle de la grande muraille. Ces énormes chaussées traversent quelquefois des lacs de plusieurs milles de diamètre ; l'eau qui est contrainte à couler au centre, est considérablement au dessus du niveau du lac. Nous avons quelquefois observé que le courant de cet immense aqueduc avoit une rapidité de trois milles par heure.

Il y a peu de parties qui soient de niveau : en quelques endroits le courant est nul ou insensible. Un jour il nous entraînoit vers le sud avec une force d'un, deux ou trois milles par heure; le lendemain il nous portoit au nord. Souvent dans le même jour nous le trouvions ou stationnaire, ou s'écoulant dans des directions opposées.

Le niveau se rétablit par des écluses placées à de certaines distances, et dont l'effet est de gonfler ou d'abaisser l'eau de quelques pouces, suivant que cela est nécessaire. Ces écluses sont tout simplement des madriers glissant dans les rainures qu'on a pratiquées sur les parois de deux culées de pierre : dans ces endroits le lit du canal n'a pas plus de 30 pieds de largeur. A l'exception de ces écluses, il n'y a pas une seule interruption dans une navigation continue de 600 milles (1).

Sur le grand canal, ainsi que sur les autres canaux et rivières, s'élèvent une multitude de ponts; les uns ont des arches dans le style gothique : dans les autres elles sont en demi-cercle ou de la forme d'un fer à cheval. Quelques-uns ont des piles d'une si prodigieuse hauteur, que les plus gros navires de 200

---

(1) 200 lieues de France.

tonneaux peuvent y passer à toutes voiles sans abaisser leurs mâts.

Quelques-uns des ponts que l'on voit sur le canal, à trois, cinq ou sept arches (1), sont d'une légèreté et d'une beauté extrêmes; mais ils ont peu de solidité. Chaque pierre de cinq à dix pieds de longueur, est taillée de manière à former un segment de la voûte; et comme le cintre n'est point terminé par une *clef*, les courbes de bois appliquées sur la convexité de l'arche, sont attachées aux pierres par des barres de fer, fixées elles-mêmes dans les parties les plus solides du pont.

---

(1) Il sera question, dans un des chapitres suivans, d'un pont de 91 arches.

Quelquefois cependant il n'y entre point de charpente ; les voussoirs curvilignes sont implantés par tenons et mortaises dans de grosses pierres transversales.

Enfin il y a des arches où les pierres sont plus petites et tendent vers un centre commun comme dans les nôtres.

Le capitaine Parish m'a assuré qu'il n'y avoit point de maçonnerie meilleure que celle de la grande muraille, et que toutes les voûtes des vieilles tours étoient extraordinairement bien faites. Cela posé, nous ne pouvons guère nous tromper en reconnoissant que les Chinois ont employé ce mode utile et élégant d'architecture avant que les Grecs et les Romains en eussent connoissance. Ni les Egyptiens ni les Perses ne paroissent en avoir fait, dans aucun temps, usage pour leurs constructions.

On ne trouve point de voûtes cintrées dans les ruines de Thèbes et de Persépolis, dans celles de Balbec et de Palmyre. Il ne paroît pas qu'on les ait beaucoup employées dans les magnifiques édifices des Romains, antérieurs au siècle d'Auguste.

Les grandes et superbes colonnes que ces nations plaçoient dans leurs édifices, étoient réunies par des architraves de pierres de taille formant une ligne droite, et dont les dimensions n'étoient point inférieures à celles des colonnes elles-mêmes.

Les cavernes des Indous présentent des voûtes taillées dans le roc vif. Mais lorsqu'ils employoient des pierres de taille et qu'ils avoient besoin de soutenir l'édifice par une colonnade, ils rangeoient au-dessus des chapiteaux les pierres en forme d'escalier renversé, jusqu'à ce qu'elles se rencontrassent au milieu. Cette disposition, vue d'une certaine distance, ressemble aux cintres gothiques, dont elles peuvent avoir donné la première idée.

Si donc on admet l'antiquité que les Chinois donnent à leur grande muraille, et il y a peu de raisons pour la contester, une fois que l'on a victorieusement écarté l'objection tirée du silence de Marc-Paul, ils ont droit à réclamer avec fondement l'invention des voûtes cintrées.

Les cimetières où les Chinois enterrent leurs morts, offrent dans leurs monumens, une plus riche variété d'architecture que les demeures des vivans. Il est vrai que quelques Chinois déposent les restes de leurs ancêtres dans des édifices qui ne different en rien, que par leur moindre grandeur, des édifices qu'ils ont habités pendant leur vie. D'autres préferent un caveau carré, orné de diverses manières; ceux-ci adoptent la forme hexagone, ceux-là une forme octogone.

On élève indifféremment sur la tombe d'un Chinois, une colonne ronde, triangulaire, carrée ou polygone; mais la forme la plus

ordinaire des monumens funèbres
pour les morts de distinction, consiste en trois terrasses l'une au-dessus de l'autre, et entourées d'un mur circulaire. La porte ou l'entrée du caveau est au centre de la plus haute terrasse, avec une inscription convenable. Des figures d'esclaves, de chevaux, de bestiaux et d'autres créatures qui, pendant la vie de ces morts illustres, fournissoient à leurs besoins ou à leurs plaisirs, décorent l'asile où ils reposent.

Quæ gratia currûm, etc.

VIRGILE.

Là, des coursiers sur l'herbe errant
 paisiblement,
Des armes et des chars, le noble amusement,

Ont conduit ces guerriers sur cet heureux rivage,

Et de la vie encore ils embrassent
l'image.

DELILLE.

Il seroit superflu, après tout ce qui a été dit, d'observer que les Chinois n'étudient ni ne cultivent aucune branche de la physique. L'application pratique des effets les plus sensibles que produisent des causes naturelles, n'a pu échapper à un peuple qui, à une époque aussi reculée, a fait de si grands progrès dans la civilisation; mais satisfaits d'une aveugle routine, ils n'ont pas poussé plus loin leurs recherches.

On peut dire que les Chinois n'ont que peu ou point de connoissances sur la pneumatique, l'hydrostatique, l'électricité et le magnétisme; leurs notions en optique ne s'étendent pas au-delà de l'art de tailler des verres convexes ou concaves, les uns pour grossir les petits objets à la vue, en réunissant un plus grand nombre de rayons, ou en rassemblant à leur foyer les rayons du soleil pour embraser des combustibles.

Ils taillent leurs verres d'optique avec une scie enduite de poudre de cristal; ensuite ils les polissent avec la même substance.

Pour le polissage des diamans ils se servent de la poudre de *spacth*. Ils taillent différentes pierres fines en groupes de figures, en chevaux, en montagne, et en forment quelquefois des paysages entiers, et montrent, pour surmonter des difficultés qui ne valent pas les peines qu'ils se donnent, plus de persévérance que d'industrie réelle.

Entre autres objets de ce genre, sir Charles Grenville en possède un qui mérite une mention. C'est un groupe de bouteilles bien formées, creusées, enrichies de feuillages, de figures et autres ornemens en relief, à la manière des camées antiques ; elles sont montées sur des anneaux mobiles, avec une base en piédestal ; et le tout est taillé dans un bloc solide de beau cristal de roche.

Cependant cette laborieuse frivolité n'a sans doute coûté en Chine que quelques piastres. On l'a revendue à Londres pour trente livres sterling, et on ne l'auroit pas fait faire pour plusieurs fois autant, si toutefois il y avoit quelqu'un en état de l'exécuter.

Toutes les lunettes chinoises que j'ai vues, étoient de cristal de roche, montées en corne, en écaille ou en ivoire. La loupe ou microscope simple est d'un usage vulgaire; mais jamais ils n'ont essayé de rapprocher les objets en combinant deux ou plusieurs lentilles; découverte que l'on a due, en Europe, plutôt au hasard qu'à des recherches scientifiques.

J'ai remarqué à Yuen-min-Yuen, une lanterne magique grossière et une chambre obscure. Ces instrumens, quoique de fabrique chinoise, ne portoient point les traces d'une invention nationale.

Je croirois plutôt qu'ils faisoient partie de ces expériences curieuses et frappantes par la nouveauté, que les premiers jésuites firent à la cour dans le dessein d'étonner l'empereur par leur profond savoir, et de se donner la réputation de savans.

Peut-être sont-ils les inventeurs de ce que nous appelons *ombres chinoises*. Leurs talens en pyrotechnie sont de beaucoup au-dessus des progrès que les Européens ont faits jusqu'à présent dans cette partie.

Un verre convexe est au nombre des objets qui accompagnent une pipe chinoise : ils s'en servent habituellement pour allumer leur tabac. C'est pour cela que le grand verre ardent de M. Parker, qui étoit au nombre des présens, n'excita aucune admiration parmi les Chinois. Ils ne comprenoient rien à la difficulté de faire avec perfection et sans défauts, une lentille aussi grande, ni à sa puissance extraordinaire; ainsi ils ne savoient point l'apprécier. Quoique dans l'espace de quatre secondes elle eût complètement fondu une de leurs monnoies de cuivre, lorsque le soleil étoit de plus de quarante degrés au-dessous du méridien, ces hommes ignorans n'en furent point surpris; ils demandèrent seulement ce que c'étoit, et si elle étoit faite de cristal. Quand on leur eut dit que c'étoit du verre, ils témoignèrent une sorte de dédain qui sembloit dire : » Est-ce qu'un morceau « de verre est un présent digne de « notre *ta-ouang-ty* ? »

Le premier ministre Ho-tchoung-tong desirant nous convaincre que ces objets lui étoient familiers, alluma tranquillement sa pipe au foyer ; mais peu s'en fallut qu'il ne brûlat sa manche de satin, ce qui seroit certainement arrivé, si je ne me fusse empressé de le repousser ; mais il ne parut point s'apercevoir du danger.

Il est certain qu'on a fait trop d'honneur aux connoissances et aux lumières des Chinois, en leur envoyant des présens aussi magni-

fiques. Ils estimoient peu ce qu'ils
ne pouvoient comprendre ; les
chef-d'œuvres de nos arts ne faisoient qu'irriter leur jalousie et
blesser leur orgueil.

Si jamais on envoyoit une nouvelle ambassade à Pékin, je serois
d'avis qu'on choisît pour les offrir
à l'empereur, des objets d'or,
d'argent, d'acier, des hochets d'enfans et autres bagatelles, et peut-
être quelques morceaux travaillés
de spath du Derbyshire, du drap
fin et de grosses draperies. Dans
leur état actuel, ils sont totalement
incapables d'apprécier ce qu'il y a
de grand et d'excellent dans les
arts et les sciences.

Un des premiers objets qu'a dû
se proposer toute société civilisée,

c'est d'alléger les souffrances de l'espèce humaine, les calamités auxquelles elle est sujette. Aussi, dans l'histoire des anciens états, voyons-nous porter jusqu'à l'adoration les hommages qu'on rendoit aux adeptes dans l'art de guérir. Chiron, l'instituteur d'Achille, et le maître d'Esculape, a été placé dans le ciel, où il brille encore sous le nom de Sagittaire.

Les nations que nous appelons sauvages, ont constamment voué un respect plus qu'ordinaire à ceux de leurs compatiotes qui professoient l'art de soulager les douleurs physiques; mais les Chinois, qui semblent différer dans leurs opinions de tout le reste des hommes civilisés ou sauvages, font peu de cas de la thérapeutique. Ils n'ont point établi d'écoles publiques pour l'enseignement de la médecine; l'instruction, dans cette partie, ne conduit ni aux honneurs ni à la fortune.

Les hommes qui exercent chez eux cette profession, sont toujours de la dernière classe. Les eunuques du palais passent pour les meilleurs médecins. Suivant leur propre histoire, les livres de médecine furent sauvés de l'incendie général qu'ordonna Chy-Ouang-Ty, 2000 ans avant l'ère chrétienne; cependant les meilleurs livres de médecine qu'ils ont aujourd'hui, ne valent pas mieux que de simples herbiers; ils établissent les noms et énumèrent les qualités de certaines plantes. La connoissance de ces plantes et des vertus qu'on leur suppose, est à-peu-près tout ce qui constitue un médecin chinois. Les végétaux les plus communément employés sont le gin-seng, la rhubarbe et la squine. On trouve aussi, dans leurs pharmacopées, quelques recettes pour la préparation de substances animales et minérales. Au nombre des premières sont les serpens, les escarbots, les centipèdes, les chrysalides des vers à soie et autres insectes. Ils font usage d'une sorte de cantharides et d'abeilles pour les vésicatoires. Les matières minérales sont le salpêtre, le soufre, le cinabre natif, etc. On y administre l'opium comme médicament, mais plus généralement comme cordial, pour exciter les esprits.

La physiologie du corps humain, cette doctrine qui explique l'organisation de l'homme, n'est point comprise des Chinois, et ils la regardent comme superflue. Leurs notions en pathologie, leurs connoissances de la cause et des effets des maladies, sont très-limitées, souvent absurdes, et presque toujours erronées. Ils prétendent en effet qu'il est possible de découvrir, par le pouls, le siége de la plupart des maladies. Ils ont, pour cela, un système fondé sur les principes les plus ridicules. Ils ignorent la circulation du sang, quoique les jésuites aient avancé intrépidement qu'ils la connoissoient avant qu'on la soupçonnât en Europe. Ils s'imaginent que chaque partie du corps humain a une pulsation qui lui est propre, et que toutes ces pulsations se correspondent dans le bras. Ainsi, selon eux, il y a un pouls dans le cœur, un dans les poumons, un dans les reins, etc. L'adresse du docteur consiste à démêler la pulsation qui domine dans le corps, par ses pulsations sympathiques dans le bras; et ils font, en cette occasion, des simagrées vraiment puériles.

Ayant mangé à Chu-San, trop de fruit qui n'étoit pas mûr, j'eus un accès violent de *cholera-morbus*. On fit demander au gouverneur un peu d'opium et de rhubarbe; il envoya sur-le-champ un de ses médecins. Celui-ci, d'un air aussi grave et aussi sérieux que prendroit un docteur de Londres et d'Édimbourg, dans une consultation sur un cas douteux, prit ma main, en tenant les yeux élevés vers le plafond. Il tâta d'abord le pouls vers le poignet, et s'avança jusqu'au pli du coude; pressa quelquefois très-fort avec un doigt, puis légèrement avec un autre, comme s'il eût parcouru les touches d'un clavier. Il continua cette cérémonie pendant dix minutes, gardant un profond silence; ensuite il quitta ma main et prononça gravement que la cause de mon mal venoit de ce que j'avois mangé quelque chose qui ne convenoit pas à mon estomac.

Je n'entreprendrai pas de décider si la vérité de ce diagnostic étoit le résultat de l'habileté du médecin, ou d'une simple conjecture sur la nature de mon indisposition, d'après les médicamens qu'on avoit demandés et qu'il approuva, ou, enfin, d'après une information positive du fait.

Le P. Lecomte, qui avoit moins de ménagemens à garder qu'un autre, parce qu'il quittoit la Chine pour n'y plus revenir, dit positivement que les médecins chinois cherchent toujours à s'instruire en secret du genre de la maladie des personnes chez qui ils sont appelés, avant de prononcer; attendu que leur réputation dépend plutôt du jugement qu'ils portent sur la nature de l'indisposition, que de sa guérison.

Ensuite ce missionnaire raconte l'histoire d'un de ses amis, qui, étant incommodé d'une tumeur, envoya chercher un médecin chinois. Le docteur lui dit gravement qu'elle étoit occasionnée par un petit ver qui, s'il ne venoit pas à bout de l'extraire, finiroit par engendrer la gangrène, et lui donner la mort. En conséquence, un jour après que la tumeur se fut dissipée par l'application de quelques topiques, le docteur glissa subtilement sous le cataplasme un petit ver, et se fit un grand mérite de l'avoir extrait. Cependant il ne faut pas ajouter beaucoup de foi à toutes les histoires du P. Lecomte.

Les prêtres chinois sont aussi des espèces de docteurs : ils composent divers emplâtres, dont les uns guérissent la partie malade; d'autres conjurent les esprits malins; ils en ont d'autres qu'ils présentent comme des aphrodysiaques : toutes ces drogues, et sur-tout les dernières, sont fort recherchées des gens riches.

Les Chinois ont cela de commun avec la plupart des nations de l'antiquité, chez lesquelles les prêtres exerçoient la médecine. Il y a, dans toutes les villes, une multitude de charlatans et de marchands d'orviétan qui gagnent leur vie aux dépens de la multitude crédule. Un de ces jongleurs vendoit dans les rues de Canton, une poudre qu'il assuroit être un spécifique contre la morsure des serpens. Pour convaincre la foule de l'efficacité de son remède, il prenoit un serpent de l'espèce de ceux dont la morsure est la plus venimeuse, et appliquoit la gueule de l'animal contre l'extrémité de sa langue, qui s'enfloit aussitôt avec tant de rapidité, qu'en peu de minutes la bouche ne pouvoit plus la contenir. La tumeur croissoit, jusqu'à ce qu'enfin elle paroissoit crever, et rendoit un mélange effrayant d'écume et de sang. Pendant ce temps-là le jongleur sembloit en proie à des souffrances aiguës, et excitoit la pitié de tous les spectateurs. Au plus fort de son accès il appliquoit une pincée de sa poudre sur son nez et sur la partie enflammée; sa langue se désenfloit peu-à-peu, et l'indisposition cessoit entièrement.

Quoiqu'il y eût peut-être, pour chaque habitant, cent mille contre un à parier qu'il ne seroit pas mordu d'un serpent, cependant tous les spectateurs s'empressèrent d'acheter de cette poudre miraculeuse, jusqu'à ce qu'un d'eux, plus rusé, suggéra que ce prestige étoit facile à imiter, en se mettant dans la bouche une petite vessie.

Le remède en usage chez les Chinois, contre la blessure des serpens, est un cataplasme de soufre, ou bien l'on écrase sur la plaie la tête du même animal qui l'a produite. Il est assez remarquable que des nations aussi éloignées l'une de l'autre que l'équateur l'est du pole, se soient accordées sur une idée d'une telle extravagance. Un poète romain (Quintus Serenus) a dit:

Quum nocuit serpens, fertur caput illius aptè.

Vulneribus jungi: sanat quem sauciat ipsa.

Les jambes nues des Hottentots sont fréquemment piquées par les scorpions: ils cherchent toujours à prendre l'animal, l'écrasent et l'appliquent sur la blessure, croyant guérir par ce moyen. Les insulaires de Java sont bien persuadés de l'efficacité de ce remède, et l'auteur que nous avons cité ajoute sur la piqûre de cet insecte:

Vulneribus que aptus, fertur revocare venenum.

Comme les lois de la Chine ne permettent point aux hommes de se trouver seuls dans la compagnie des dames, encore moins de leur toucher la main, les médecins du pays, plutôt que de s'exposer à l'amende, qui est ordinairement de cinquante *tchen* (environ 8 sous de France), ont imaginé un moyen fort ingénieux pour tâter le pouls d'une dame. On fait passer à travers la cloison qui sépare le docteur de la malade, un cordon de soie qui est attaché à son poignet. Le médecin palpe ce cordon, et après plusieurs grimaces, il prononce sur la maladie, et prescrit, en conséquence, des remèdes.

Mais à la cour c'est à des eunuques que l'on donne cette fonction.

L'usage que les habitans des villes ont de réunir un grand nombre de personnes dans la même maison et dans de très-petits appartemens, le peu de largeur des rues, et par dessus tout, le défaut de propreté sur leurs personnes, engendrent quelquefois des maladies contagieuses qui, comme la peste, moissonnent des familles entières. Une multitude incroyable d'habitans de Pékin est victime de ces fèvres épidémiques : elles y sont plus communes qu'en aucun autre lieu de l'empire, malgré la douceur du climat.

Dans les provinces du midi, ces maladies ne sont ni aussi générales ni aussi funestes qu'on pourroit le roire. Je pense que cela tient en grande partie à la coutume universelle qu'a le peuple de porter sur la peau des substances végétales, qui sont et plus propres et plus saines que les étoffes de drap, composées de matières animales : ainsi le coton et la toile valent mieux sur la peau que la soie et la laine, qui ne peuvent être portées sans inconvénient que par des personnes extrêmement propres.

Un autre antidote qui préserve les paysans des mauvais effets de la malpropreté qui règne dans leurs maisons et sur leurs personnes, c'est que jour et nuit il y a chez eux un courant d'air continuel. En été, ils n'ont point d'autre porte qu'une claie de bambou; leurs fenêtres sont tout-à-fait ouvertes, ou bouchées seulement avec du papier très-mince.

Malgré leur peu de soin, ils ne connoissent guère les maladies lépreuses ou cutanées; ils se prétendent absolument exempts de la goutte et de la gravelle; ce qu'ils attribuent aux effets préservatifs du thé.

Un de nos docteurs a assuré, en faveur de cette opinion, que depuis que le thé est devenu en Angleterre une boisson générale, les maladies de peau y sont devenues infiniment plus rares qu'elles ne l'étoient auparavant; d'autres ont attribué ce changement à un plus grand amour pour la propreté, et à l'usage du linge. Il est possible que ces deux causes aient concouru à cet heureux résultat.

La petite-vérole fait de grands ravages par-tout où elle se déclare. Les Chinois prétendent en distinguer plus de quarante espèces, à chacune desquelles ils donnent un nom particulier. Lorsqu'une des moins dangereuses se manifeste, l'inoculation, ou plutôt l'infection, par des moyens artificiels, devient générale. Ils communiquent cette maladie en insérant dans les narines la matière contenue dans un flocon de coton ; ou bien l'on fait prendre les habits du malade; ou bien, encore, on fait coucher avec lui la personne à qui l'on veut inoculer le virus : mais jamais on n'introduit le pus variolique par une incision dans la peau.

Les annales de l'empire attestent

que cette affreuse maladie étoit inconnue avant le 10ᵉ siècle.

Peut-être fut-elle introduite par les Mahométans de l'Arabie, qui, à cette époque, faisoient un grand commerce avec Canton par le golfe Persique, et qui peu de temps auparavant l'avoient reçue des Sarrasins, lorsqu'ils firent la conquête de l'empire d'Orient.

Ce fléau est encore un de ceux que nous devons à la folie des croisades. Depuis ce temps jusqu'à la fin du dix-huitième siècle, on n'avoit aucun espoir de l'extirper; mais heureusement la découverte de la vaccine, ou plutôt l'application générale de cette découverte, qui longtemps fut confinée dans un district particulier, a donné de grandes raisons d'espérer que bientôt la petite-vérole cessera d'être une des maladies qui affligent l'humanité.

On dit que dans quelques provinces les gens du peuple sont affectés de maux d'yeux, et l'on attribue cette maladie endémique à l'usage trop fréquent du riz. Cette conjecture me paroît manquer de fondement. Les Indous et les autres nations de l'Inde qui ne vivent que de cet aliment, ne sont point sujets à la même indisposition. Dans l'Egypte ancienne et moderne, l'ophtalmie et la cécité ont été de tout temps, plus communes qu'à la Chine. Cependant le riz n'étoit ni cultivé, ni connu dans cette partie de la Chine, jusqu'au règne des Califes, qui l'apportèrent de l'Orient.

S'il y a en effet des ophtalmies en Chine, on peut les attribuer à la coutume du peuple de s'entasser dans des habitations basses, continuellement remplies de la fumée, soit du foyer, soit des flambeaux de poudre de bois de sandal, avec lesquels on marque les divisions du jour, ou à l'usage général du tabac, et à ces miasmes putrides qu'exhalent les immondices qu'ils gardent dans leurs maisons ou à côté.

L'organe de la vue peut encore être affoibli par l'usage où ils sont de se laver la figure, même en été, avec de l'eau tiede. Au surplus, je déclare que dans le cours de mon long voyage, je n'ai rencontré que peu d'aveugles, ou de personnes qui eussent des maux d'yeux.

On peut conclure de ce que j'ai dit sur l'état social de ce pays, que cette maladie occasionnée par le commerce désordonné et sans choix des deux sexes, n'est pas très-commune en Chine. En effet, on la connoît si peu, et l'on entend si mal son traitement dans le petit nombre de cas qui s'en présentent, qu'on lui donne le temps d'attaquer tout le système de l'organisation, et alors on la considère comme une lèpre incurable.

Quand nous arrivâmes à l'extrémité septentrionale de la province de Canton, un de nos conducteurs eut l'imprudence de passer une nuit dans une de ces maisons de débauche tolérées par le gouvernement. Il y gagna l'infection dont je parle. Après avoir vivement souffert et éprouvé beaucoup de craintes, il se plaignit à un de nos médecins de sa maladie, dont il ignoroit absolument la cause et les effets. C'étoit un homme de quarante ans, d'une constitution robuste, et d'une excellente humeur. Il avoit servi dans différentes campagnes au nord de la Tartarie, et sur les frontières de l'Inde; malgré cela il ne se faisoit aucune idée d'une semblable maladie.

Je conclus de ce fait et de plusieurs autres, que si cette maladie se manifeste quelquefois, quoique rarement, dans la capitale, elle y est introduite par les ports de Chu-San, Canton et Macao, où nombre de femmes effrénées vivent du trafic de leurs charmes, et les prodiguent au premier étranger qui veut les acheter. C'est pour cela que les Chinois l'appellent quelquefois *ulcère de Canton*.

Les hommes n'exercent point en Chine la profession d'accoucheurs. Ce peuple trouve trop d'inconvenance à ce qu'un homme se présente dans l'appartement d'une femme en travail. Quelque difficultés qu'elle éprouve, elle est abandonnée aux soins d'une sage-femme. Cependant cette méthode ne paroît point nuire à la population. Les Chinois ne sauroient concevoir qu'en Europe, des hommes aient la liberté d'exercer une profession qui, dans leurs préjugés, appartient exclusivement à l'autre sexe (1).

Par la raison même que la connoissance de l'organisation du corps humain, des facultés et des fonctions de chacune de ses parties, ne peut être acquise que par l'étude de l'anatomie pratique, et qu'une telle

---

(1) Il n'y a pas bien long-temps qu'il en étoit de même en Europe, et surtout en Angleterre. Le mot anglais par lequel on désigne un accoucheur, en est une preuve convaincante. On l'appelle *man-midwife*, c'est-à-dire *homme sage-femme*. Ce composé bizarre est encore plus extraordinaire que le terme de *handschuhe* ou *souliers de main*, que les Allemands emploient pour exprimer des gants.

(*Note du Trad.*)

étude agaceroit les nerfs foibles des timides Chinois, leurs opérations chirurgicales ne sont ni nombreuses, ni habilement exécutées. La loi dont j'ai eu occasion de parler, les effets qu'elle a produits dans les deux ou trois cas qui sont venus à notre connoissance, expliquent facilement leur peu de progrès dans la chirurgie.

Quel est celui qui voudroit entreprendre la plus simple opération, dans un pays où l'on peut se rendre responsable, non-seulement des suites immédiates, mais encore des crises qui surviendront en quarante jours ! Quelquefois les Chinois réussissent à réduire un membre disloqué, ou à guérir quelque fracture simple ; mais dans les cas difficiles et compliqués, le malade est presque toujours abandonné au hasard. Jamais on ne pratique l'amputation.

Dans le cours de notre voyage, où des millions d'individus s'offrirent à nos yeux, je ne me rappelle pas avoir vu une seule personne qui fût privée d'un membre. Très-peu étoient estropiés d'une autre manière ; d'où je conclus, ou que les accidens sont rares, ou que ceux qui sont graves occasionnent habituellement la mort.

Un Chinois redoute si fort la vue d'un instrument bien tranchant, qu'il ne se soumet pas même à la saignée, quoique le principe en soit admis. Ils évacuent le sang par la scarification de la peau et l'application des ventouses. Dans certaines maladies, ils brûlent la peau avec de petites pointes de fer rouge. Quelquefois, après avoir piqueté la partie malade avec des aiguilles d'argent, ils y brûlent les feuilles d'une espèce d'armoise, de la même manière dont on emploie au Japon le moxa pour prévenir ou guérir certaines maladies, sur-tout la goutte et le rhumatisme. Quant à la goutte, on dit qu'elle est inconnue en Chine.

Les barbiers, qui existent par milliers dans les grandes villes, se chargent de nettoyer les oreilles, de couper les cors, de réduire les luxations, de pincer le nez, et de frapper sur le dos.

En un mot, on peut se faire une

idée de toutes les connoissances médicales des Chinois, d'après ce qu'en a dit le docteur Grégory, sur les renseignemens que lui a fournis son ami le docteur Gillan.

« Dans l'empire le plus vaste, le
« plus ancien et le plus civilisé de
« la terre; empire qui, il y a deux
« mille ans, étoit déja immense,
« populeux et florissant, lorsque
« l'Angleterre n'étoit pas moins sau-
« vage que ne l'est aujourd'hui la
« Nouvelle-Zélande, on ne sauroit
« trouver un docteur aussi instruit
« que le seroit un jeune homme de
« seize ans qui, pendant douze mois,
« auroit fait son apprentissage chez
« un bon chirurgien d'Edimbourg.

« En sorte que si l'empereur de
« la Chine, ce monarque absolu de

« trois cent trente-trois millions
« d'hommes, c'est-à-dire d'une
« population plus que double de
« celle de l'Europe, étoit attaqué
« d'une pleurésie, ou avoit une jam-
« be cassée, il seroit trop heureux
« d'avoir ce jeune élève pour son
« premier médecin et son premier
« chirurgien. Le jeune homme en
« question, pour peu qu'il eût vu
« son maître opérer dans deux ou
« trois cas semblables, seroit à coup
« sûr en état de remettre la jambe
« S. M. I., et de la guérir de sa
« pleurésie, ce qu'aucun de ses su-
« jets chinois ne pourroit faire. »

Dans l'esquisse que j'ai donnée
de l'état actuel des sciences, des
arts et des manufactures, j'ai omis
à dessein de parler de l'agriculture,

qui fera l'objet d'un autre article. Je crois de tout cela pouvoir inférer que les Chinois sont de tous les peuples du globe, le premier qui soit arrivé à un certain degré de perfection dans l'état social ; et qu'il s'est arrêté là par la politique de son gouvernement et par d'autres causes; qu'il étoit aussi civilisé qu'il l'est aujourd'hui, il y a vingt siècles, à une époque où, en comparaison, toute l'Europe étoit plongée dans la barbarie ; mais que depuis les Chinois ont fait peu de progrès dans plusieurs choses, et rétrogradé dans plusieurs autres ; que dans le moment actuel, si l'on compare les Chinois aux nations européennes, ils ne sont grands que dans des bagatelles, tandis qu'ils sont frivoles dans tout ce qui est grand.

Je ne puis néanmoins souscrire au jugement qu'a prononcé contre eux un écrivain aussi ingénieux qu'éclairé (1) ; mais il connoissoit moins leurs mœurs que celles des autres nations asiatiques, et il ignoroit absolument leur langue.

« Leurs lettres, dit-il, si nous
« pouvons les appeler ainsi, ne sont
« proprement que des symboles d'i-
« dées. Leur philosophie est encore
« si grossière, qu'à peine en mérite-
« t-elle le nom. Ils n'ont point d'an-
« tiques monumens qui prouvent
« leur origine, au moins par des con-
« jectures plausibles. Leurs sciences
« sont totalement exotiques. Leurs

---

(1) Sir William Jones.

« arts mécaniques n'ont rien qui ca-
« ractérise une tribu particulière ;
« rien enfin que d'autres hommes,
« placés dans un pays aussi favo-
« risé de la nature, n'aient pû dé-
« couvrir et perfectionner. »

CHAPITRE X.

Gouvernemens et lois de la Chine. — Délits et peines. — Procès civils. — Disgrace du premier ministre. — Calendrier et gazette de la cour. — Liberté de la presse. — Impôts et Revenus. — Changemens dans l'administration.

Il y a si peu de temps que les nations de l'Europe ont connu, pour la première fois, l'existence même de la vaste région que nous appelons Chine; l'accès en a été si difficile après qu'elle a été connue; sa langue, ainsi que je me suis efforcé de le prouver, a si peu de rapports avec aucun autre idiôme ancien et moderne; enfin le gouvernement montre tant de jalousie contre les étrangers; les dernières classes du peuple ont pour eux tant de mépris, que ces causes peuvent, entre un grand nombre d'autres, expliquer pourquoi nous n'avons eu jusqu'à présent que des notions si limitées, si imparfaites, sur la véritable histoire de cette nation extraordinaire; car il paroît que ses annales ne manquent pas.

Depuis environ deux siècles avant l'ère chrétienne, jusqu'à nos jours, les événemens de chaque règne ont été détaillés amplement et sans lacunes. Ils ont conservé des collections de monnoies de cuivre qui forment une suite continue de tous les empereurs qui ont occupé le trône de la Chine pendant les vingt derniers siècles. Sir Georges Staunton en a rapporté une en Europe ; mais elle n'est pas tout-à-fait complète.

Avant cette époque, la Chine étoit divisée en une multitude de petits états ou principautés. On assure que les annales du pays sont remplies, comme celles de toutes les autres contrées du monde, de récits de guerres et de batailles sanglantes.

Mais à mesure que ces petits royaumes ont disparu pour se réunir enfin en un seul, et ne plus former qu'un empire immense, la destruction de l'homme par la fureur de l'homme, est devenue moins fréquente ; et depuis ce temps, le gouvernement du pays a moins souffert des guerres extérieures ou des troubles domestiques, qu'aucun autre dont l'histoire fasse mention.

Un but si desirable a-t-il été atteint par la nature même de l'administration merveilleusement adaptée au génie, aux habitudes du peuple, ce qui, au jugement d'Aristote, constitue le meilleur de tous les gouvernemens possibles ? ou bien ce gouvernement n'y est-il arrivé qu'en subjuguant le caractère et les habitudes du peuple, en les forçant de se plier à ses vues, à ses maximes ? c'est une question susceptible de quelques controverses.

Néanmoins, dans l'état actuel des choses, il est suffisamment démontré que la verge de fer du pouvoir s'est appesantie sur le caractère physique du peuple, et l'a dirigé à sa volonté; que les sentimens moraux et les actions des Chinois sont influencés par les opinions du gouvernement, et presque sous sa domination absolue.

Ces opinions, auxquelles le gouvernement doit presque toute sa stabilité, sont fondées sur un principe d'autorité qui, suivant les maximes qu'on a eu l'adresse d'inculquer dans l'esprit du peuple, et qui y ont poussé des racines profondes, est assimilé au droit naturel et imprescriptible des parens sur leurs enfans; autorité qui n'est point supposée finir à un certain âge, mais qui ne fait que s'accroître et se maintenir dans toute sa rigueur et sans limites, jusqu'à ce que la mort d'une des parties dissolve l'obligation.

L'empereur, considéré comme le le père commun de son peuple, est par conséquent investi sur lui de la même autorité que le père de famille peut exercer dans sa propre maison. C'est dans ce sens qu'il prend le titre de GRAND-PÈRE ; et comme il se trouve ainsi placé au dessus de toute puissance terrestre, on lui suppose aussi une origine plus qu'humaine. Par une conséquence naturelle de ce principe, il prend quelquefois le titre *de seul régulateur du monde* et de *fils du ciel.*

Mais afin qu'il ne paroisse pas y avoir d'inconséquence dans ce grand système d'obéissance filiale, l'empereur, au milieu des cérémonies solennelles qui ont lieu au commencement de chaque année, se prosterne neuf fois devant l'impératrice douairière, et le même jour il exige de tous les grands de l'état la répétition du même hommage.

Par suite de ce système, fondé entièrement sur l'autorité paternelle, le gouverneur de chaque province en est considéré comme le père; celui d'une ville comme le père de la ville; le chef d'un tribunal ou d'un département est censé le surveiller avec le même degré d'autorité, de sollicitude et d'affection, que le père de famille veille à ses intérêts domestiques.

Il est vraiment déplorable qu'une forme de gouvernement si raisonnable en théorie, produise tant d'abus dans la pratique. Ces soins et cette affection paternelle des gouverneurs; ce respect, cette piété filiale des administrés, seroient avec plus de justesse qualifiés par les termes de tyrannie, d'oppression et d'injustice d'une part, de crainte, de tromperie et de désobéissance de l'autre.

La principale règle de conduite que s'impose l'empereur, est de se montrer rarement en public; et l'on trouve dans une telle maxime peu de traces d'affection et de sollicitude pour sa famille : c'est plutôt la preuve d'un caractère soupçonneux. Le tyran, à qui sa conscience bourrelée reproche ou d'avoir commis, ou d'avoir toléré des actes cruels et oppressifs, doit éprouver quelque répugnance à se trouver au milieu des victimes de son pouvoir despotique : il doit craindre qu'une main secrètement dirigée ne venge d'un seul coup, et ses injures et celles de ses compatriotes.

Cependant ce principe, en vertu duquel l'empereur de la Chine se prodigue si peu aux yeux de ses sujets, paroît tenir à des motifs très-différens de ceux de sa sûreté. Un pouvoir qui agit dans le secret, d'où l'influence se fait sentir au même moment, et de près et de loin, fait sur les esprits une impression plus forte ; il inspire une crainte plus religieuse, un respect plus profond que si son agent étoit perpétuellement et familièrement visible à tous les regards.

Les prêtres des mystères d'Éleusis connoissoient bien cette disposition du cœur humain, disposition d'autant plus forte, que les facultés de l'esprit sont moins cultivées : aussi falloit-il avoir l'ame éclairée d'un Socrate pour mépriser la terreur que ces prêtres inspiroient au crédule vulgaire.

C'est d'après cette même politique qu'agissoit Déiocès. Hérodote nous apprend qu'une fois monté sur le trône d'Ecbatane, il ne voulut plus admettre en sa présence ce peuple dont il s'étoit naguère constitué le défenseur. Il pensoit que le vulgaire ayant perdu l'habitude de le voir, se persuaderoit aisément que depuis qu'il étoit roi, il étoit devenu d'une nature supérieure à la nature humaine.

Il est incontestable qu'un accès facile auprès des hommes distingués par leur naissance, leur pouvoir et leurs talens, un commerce familier et sans bornes auprès d'eux, le spectacle journalier de leurs actions, de leur conduite habituelle, tendent fortement à affoiblir cette idée de vénération et de respect que le public est disposé à éprouver pour eux. Le grand Condé a dit avec raison, qu'aucun homme n'étoit héros pour son valet de chambre.

Des considérations de ce genre, plutôt que la crainte d'un attentat de la part de ses sujets, ont vraisemblablement dirigé la coutume qui empêche l'empereur de la Chine de se montrer trop familièrement à la multitude, et qui exige qu'en certaines occasions il paroisse éblouissant de pompe et de magnificence, à la tête de toute sa cour, qui se compose de plusieurs milliers de mandarins, des agens de sa volonté, tous prêts, au premier signal, à se prosterner à ses pieds.

Le pouvoir du souverain est absolu; mais le système patriarchal imposant au fils le devoir indispensable de faire des offrandes publiques aux mânes de son père, cette coutume restreint, jusqu'à un certain point, l'exercice de son pouvoir. Au moyen de cette institution civile, dont les devoirs sont observés avec une exactitude plus que religieuse, l'empereur est sans cesse averti que la mémoire de ses actions publiques et privées lui survivra long-temps; que son nom sera, à de certaines époques de l'année, prononcé avec une sorte de vénération sacrée, d'un bout de l'empire à l'autre, si toutefois il a rempli sa place à la satisfaction de ses sujets; et qu'au contraire l'exécration publique fera sortir de l'oubli les actes arbitraires d'oppression et d'injustice dont il se sera souillé. C'est encore pour lui un motif de se montrer délicat et circonspect dans la nomination de son successeur, dont la loi lui a entièrement laissé le choix.

Cependant la considération d'une future renommée ne mettroit qu'un léger obstacle aux caprices d'un tyran : l'histoire de la Chine et de tous les pays nous en fournit de nombreux exemples. On a donc cru nécessaire d'imaginer un frein peut-être encore plus efficace, pour réprimer les dispositions à la tyrannie qui pourroient trouver accès dans le cœur du monarque.

C'est l'institution d'une censure exercée par deux magistrats, qui ont le pouvoir de faire de libres remontrances contre tout acte illégal ou inconstitutionnel que l'empereur pourroit se permettre ou approuver. On pense bien que ces hommes doivent être excessivement circonspects dans l'exercice d'une telle magistrature; mais ils ont en outre une autre tâche dans laquelle leur propre gloire n'est pas moins intéressée que celle de leur maître, et qui leur fait moins courir de risques d'offenser.

Ils sont les historiographes de l'empire, ou plutôt les biographes du souverain régnant. Leur emploi, en cette qualité, consiste à recueillir les sentimens du monarque, à tenir note de ses discours, de ses paroles mémorables, ainsi que de ses actions privées les plus remarquables, et des principaux événemens de son règne.

Ces écrits sont déposés dans un grand coffre que l'on garde dans cette partie du palais où siégent les tribunaux du gouvernement, et que l'on suppose ne devoir être ouvert qu'après la mort de l'empereur. Si à cette époque on y trouve quelque mention qui puisse faire tort à son caractère et à sa gloire, on en diffère la publication, par délicatesse pour sa famille, jusqu'à ce que deux ou trois générations se soient écoulées, et quelquefois même jusqu'à ce que la dynastie se soit éteinte. Les Chinois assurent que par de tels moyens ils ont des relations fidèles, dans lesquelles ni la crainte ni la flatterie n'ont eu le pouvoir de dissimuler la vérité.

Une institution si remarquable et si singulière en son genre, sous un gouvernement arbitraire, ne pourroit manquer d'influer puissamment sur la conduite du monarque, et de l'engager à agir, dans toutes les occasions, de manière à ne pas compromettre sa gloire, à transmettre à la postérité une mémoire pure et sans tache.

Les annales de la Chine parlent d'un empereur de la dynastie des *Tang*, qui, bien convaincu d'avoir, en diverses circonstances, transgressé les bornes de son autorité, voulut se faire ouvrir ce dépôt des notes historiques, où il savoit bien que l'on avoit fait mention de toutes ses actions.

Il employa tous les argumens possibles pour convaincre les deux censeurs qu'il n'y avoit rien d'inconvenant dans la démarche qu'il se proposoit de faire; il protesta en outre qu'il n'avoit pas d'autre but que celui de connoître ses plus grandes fautes, afin d'être plus à portée de se corriger.

On assure qu'un des magistrats lui répondit noblement en ces termes : « Il est vrai que votre ma-
« jesté a commis beaucoup d'er-
« reurs, et que notre charge nous a
« fait un devoir pénible de les
« écrire; et ce devoir est tel que
« nous serons obligés d'instruire
« la postérité de la conversation
« que votre majesté a eue aujour-
« d'hui fort mal-à-propos avec
« nous. »

Pour soulager l'empereur d'une partie du poids des affaires, et l'aider dans l'administration d'un empire aussi vaste, aussi peuplé, la constitution lui donne deux conseils d'état; l'un ordinaire, l'autre extraordinaire; le premier se compose des six ministres ou *colaos*;

les princes du sang assistent seuls au conseil extraordinaire.

Il y a, pour l'administration des affaires, six départemens ou tribunaux; savoir:

1. Le tribunal pour la nomination aux offices vacans.
2. Le tribunal des finances.
3. Le tribunal des cérémonies.
4. Le tribunal militaire.
5. Le tribunal de justice.
6. Le département des travaux publics.

Les membres de ces tribunaux examinent, décident ou soumettent à l'empereur toutes les matières de leur compétence; et le souverain, de l'avis de son conseil ordinaire, ou, si cela est jugé nécessaire, de son conseil extraordinaire, confirme, modifie ou rejette leurs arrêtés.

Le dernier empereur tenoit régulièrement pour cet objet, dans la grande salle de son palais, une audience tous les jours à quatre ou cinq heures du matin.

Il y a dans les provinces des tribunaux semblables, subordonnés à ceux de la capitale, et correspondant avec les cours suprêmes.

Les limites que je me suis imposées, ne me permettent point d'entrer dans le détail de leur code de lois, et je ne suis pas suffisamment préparé à une pareille tâche. Ce code, publié pour l'usage de tous les sujets, dans les caractères les plus faciles que possède la langue, forme seize petits volumes.

Il en existe une copie en Angleterre, et je suis autorisé à dire que nous aurons bientôt en anglais une bonne et fidèle traduction de ce recueil, qui expliquera mieux que tous les volumes que, jusqu'à ce jour, on a écrits sur la Chine, comment une masse de peuple plus que double de celle qui habite l'Europe, est retenue depuis tant de siècles dans l'union et l'obéissance.

Cet ouvrage, sur les lois de la Chine (1), peut être, par sa clarté et sa méthode, comparé aux Com-

---

(1) Il est intitulé *Ta-tchin-Leu-lie*, c'est-à-dire lois et instituts sous la dynastie des *Tchin*, qui est le nom de la dynastie actuelle.

mentaires de Blackstone sur les lois anglaises; non-seulement il contient toutes les lois sous leurs titres respectifs, mais on a ajouté à chacune un court commentaire et un exemple de jurisprudence.

On m'a assuré que les lois de la Chine définissent avec la plus grande exactitude, toutes les sortes de délits, et les châtimens dus à chaque crime. Il paroît que les délits et les peines y sont classés avec le plus grand soin, et que les lois sont loin d'être sanguinaires; qu'en un mot, si la pratique s'accordoit avec la théorie, il y auroit peu de nations qui pussent se glorifier d'avoir un mode à-la-fois et si doux et si efficace de dispenser la justice.

H*

De tous les gouvernemens despotiques, il n'en est point un seul sous lequel la vie d'un homme soit réputée une chose aussi sacrée qu'elle l'est en Chine.

Jamais on n'y assoupit un meurtre, si ce n'est dans l'infâme coutume d'exposer les enfans. L'empereur lui-même, tout-puissant qu'il est, n'oseroit attenter aux jours du dernier de ses sujets, sans employer au moins les formalités d'un procès régulier. Il est vrai que l'accusé a peu d'espoir d'échapper, si le monarque lui-même est l'accusateur ; et nous allons le démontrer par l'histoire du premier ministre de Tchien-Long.

Les Chinois tiennent si fort à la

maxime semblable à la déclaration solennelle que Dieu fit à Noé, — « De la main de tout homme dé- « pendra la vie de tout homme. « Celui qui versera le sang de l'hom- « me, verra son sang versé par « l'homme. » — que la personne de l'intention la plus pure peut être compromise. On demande, ainsi que je l'ai observé plus haut, de la dernière personne qu'on a vue au- près d'un homme qui a reçu une blessure mortelle, ou qui est mort subitement, un récit circonstancié, soutenu par des témoignages, qui prouve comment cette mort a été occasionnée.

En tâchant de proportionner la peine à l'offense, au lieu d'infliger le même châtiment pour le vol d'un pain, ou le meurtre d'un homme, les législateurs chinois semblent, d'après nos idées, avoir fait très-peu de différence entre l'homicide accidentel et l'assassinat prémédité.

Pour constituer le crime, il n'est pas nécessaire, en Chine, de prouver l'intention ou une longue et malicieuse méditation : quoique la non-intention atténue le délit, et par conséquent adoucisse le châtiment, cependant l'offenseur n'est jamais entièrement absous.

Si un homme en tue un autre par un accident imprévu et inévitable, la loi lui fait grace de la vie, et quelque circonstances qui s'élèvent en faveur du criminel, l'empereur seul a le droit de remettre la peine; et presque jamais il n'en fait usage pour accorder un pardon absolu; il ne fait que commuer le châtiment. Dans la rigueur des principes, une sentence de mort ne peut être mise à exécution jusqu'à ce qu'elle ait été ratifiée par le monarque. Néanmoins, en cas de crimes d'état, ou de forfaits atroces, le vice-roi d'une province prend quelquefois sur lui de faire exécuter sur-le-champ. On use de la même sévérité, à Canton, contre des étrangers jugés coupables même d'homicide involontaire.

Au commencement du siècle dernier, un homme de l'équipage du capitaine Shelvocke eut le malheur de tuer un Chinois dans la rivière de Canton. Le cadavre étoit gisant devant la porte de la factorerie anglaise, et la première personne qui sortit fut arrêtée et conduite prisonnière dans la ville. C'étoit un des subrécargues de la compagnie, et on ne voulut point le relâcher que l'auteur du meurtre ne fût livré. Celui-ci fut étranglé après quelques formes de procédure.

L'aventure récente d'un pauvre canonnier est bien connue. Il y a peu d'années qu'il s'éleva à Macao une rixe, dans laquelle un Chinois fut tué par un Portugais. On demanda formellement qu'un homme de cette dernière nation fût livré pour expier la mort du Chinois. Le gouvernement de Macao ne voulant pas, ou ne pouvant pas trouver le délinquant, proposa un accommodement, qui fut rejeté, et l'on menaça de se servir de la force. Il se trouvoit alors à Macao un négociant de Manille, homme d'une excellente réputation. Ce fut cet infortuné que l'on choisit comme victime innocente, pour appaiser la rigueur des juges chinois, et il fut immédiatement étranglé.

Les procédures relatives aux crimes qui emportent une peine capitale, doivent être envoyées à Pékin, et soumises à l'impartialité de la cour suprême de justice, qui confirme ou change la sentence, suivant les cas. Lorsque quelques circonstances militent en faveur de l'accusé, le tribunal demande à l'empereur la révision de la sentence. Le monarque commue lui-même la peine, ou renvoie la cause au tribunal d'une autre province, avec l'avis motivé du grand tribunal. Le procès est alors revisé, et si les circonstances sont trouvées conformes aux sentimens de la cour suprême, la sentence est modifiée ou infirmée.

Dans les états de la Grèce, et chez d'autres nations, le châtiment pour crime de haute-trahison s'étendoit jusque sur les parens du coupable. En Chine, on suppose que le sang d'un traître est souillé jusqu'à la neuvième génération. Cependant la loi ne suppose complices que les plus proches parens mâles, alors vivans, et elle commue à leur égard la peine de mort en celle de l'exil. Il ne peut rien y avoir de plus injuste et de plus absurde qu'une telle loi, quelque utile qu'elle soit pour la politique; elle est absurde, parce qu'elle suppose le néant capable de commettre un crime; injuste, parce qu'elle frappe un innocent. Le législateur d'Israël, voulant intimider cette race opiniâtre et rebelle, crut devoir la menacer de la colère d'un Dieu qui punissoit les péchés d'un père dans leurs enfans, jusqu'à la troisième et quatrième générations; sentiment de terreur que le temps, à ce qu'il paroît, rendit moins nécessaire; car le prophète Ézéchiel a prêché une doctrine plus douce et plus consolante.

Dans la plupart des causes, excepté dans celles de haute-trahison, la cour suprême de Pékin agit constamment avec impartialité. Il est fort à regretter que les causes civiles n'aient point été assujéties à une révision semblable à celle des procès criminels; cela détruiroit dans sa racine un mal très-funeste en Chine, où l'on sait que les officiers de justice ne sont pas à l'abri de la corruption.

Cependant, ils ont sagement distingué les fonctions de juge de celles de législateur. Le premier, une fois qu'il a vérifié le fait, n'a plus qu'à ouvrir son code de lois, où sont classées les peines selon la nature des offenses.

Un tel mode d'administrer la justice n'est pas sans inconvénient. Le gouvernement, après avoir montré tant de précautions lorsqu'il s'agissoit de la vie d'un sujet, a cru inutile d'établir, pour les délits autres que l'homicide, la ressource de l'appel. Dans ces causes, la sentence est laissée à la discrétion d'un seul juge. Avec quelque clarté que la peine soit appliquée au délit, l'interdiction de l'appel est en soi un obstacle à la dispensation impartiale de la justice ; l'accusé n'ayant pas le droit de faire porter sa cause à un tribunal plus élevé, et qui, par cela seul, doit vraisemblablement être plus impartial, n'a aucune garantie contre les caprices, la malice ou la corruption de son juge.

Il n'est peut-être pas inutile d'observer que les législateurs de la

Chine, parmi les diverses punitions qu'ils ont infligées pour la répression des crimes, n'aient donné au criminel aucun moyen de réparer envers la société une partie de l'insulte qu'il lui a faite, en se rendant utile, soit dans les travaux publics, soit dans une détention solitaire. L'emprisonnement n'est point infligé en Chine comme peine; l'exil ou les châtimens corporels sont infligés à tous les délits qui n'entraînent point la peine capitale.

Les exécutions des condamnés à mort sont très-rares. Ils restent enfermés jusqu'à ce qu'on vide les prisons; ce qui arrive une fois par an, vers l'équinoxe d'automne. En adoptant cette mesure, le gouvernement a peut-être considéré que la morale du peuple retire peu d'avantage du spectacle fréquent d'une peine aussi courte que celle qui prive un homme de la vie.

Tous les autres châtimens qui n'entraînent pas la mort, sont rendus aussi publics qu'il est possible, et sont accompagnés du plus grand déshonneur.

Les coups de bambou, suivant leurs idées, ne méritent pas le nom de supplice; ils les regardent comme une douce correction, à laquelle aucune infamie n'est attachée; mais une punition terrible est celle de la cangue ou du *tcha*.

C'est une sorte de pilori ambulant. Le criminel est attaché par le cou et les mains, dans une table de bois très-pesante (*Voyez* l'atlas, pl. 14). Il est quelquefois obligé de la porter pendant des semaines et des mois entiers. Un appareil aussi effrayant, est bien propre à détourner du crime. Le genre de délit commis par le condamné est tracé en gros caractères sur la planche même.

On assure qu'il règne dans les prisons de la Chine beaucoup d'ordre, et que les prisonniers pour dettes sont séparés des autres détenus.

L'abominable moyen d'arracher des aveux par l'application à la torture, est ce qu'il y a de pis dans les lois criminelles de la Chine. Mais les Chinois prétendent qu'on y a rarement recours, à moins que l'accusé ne soit déja presque convaincu par de fortes présomptions. Cependant on presse ordinairement les doigts de ceux qui se sont rendus coupables de quelque léger délit. C'est sur-tout la peine que l'on fait subir aux femmes qui ont acheté la permission d'enfreindre les lois de la chasteté.

Par les lois relatives à la propriété, les femmes sont privées en Chine de même qu'elles l'étoient dans l'ancienne Rome, du droit d'hériter lorsqu'il y a des enfans, et de celui de disposer de leurs biens. Mais quand il n'y a pas d'enfans mâles, un homme peut laisser par son testament, ses biens à sa veuve.

La raison que les Chinois donnent d'une telle loi, c'est qu'une femme ne peut pas faire d'offrandes à l'ame de ses parens dans la salle de ses ancêtres ; et ils regardent comme une des plus douces consolations pour un homme, de laisser après lui quelqu'un qui transmettra son nom aux races futures, en remplissant à de certaines époques cette cérémonie sacrée.

Toutes leurs lois sur les propriétés sont, je l'ai déja dit, insuffisantes pour donner cette garantie, cette sécurité qui seule peut nous faire trouver quelques plaisirs à amasser des biens. L'avarice des gens en place peut épargner ceux qui ne jouissent que d'une honnête aisance ; mais les richesses échappent rarement à leur rapacité.

En un mot, quoique les lois ne soient point assez parfaites pour faire participer tous les sujets à un bien-être général, elles ne sont cependant point assez mauvaises pour les réduire à une calamité universelle qui finiroit par une révolution. L'administration est si vicieuse, que l'homme en place se met presque toujours au-dessus des lois : ainsi la mesure des biens et des maux dépend beaucoup de son caractère.

Il est vrai que telles sont les dispositions et les habitudes du peuple, que tant que la multitude pourra se procurer sa jatte de riz et quelques mets peu coûteux, il n'y aura pas de révolte à craindre. Le gouvernement en est si convaincu, qu'un de ses premiers soins est d'établir, sur tous les points de l'empire, des greniers d'abondance pour soulager les pauvres dans les temps de famine ou de disette.

Néanmoins, dans ce siècle de révolutions, il semble se faire dans l'esprit du peuple un changement dont je vais parler.

Ce système d'obeissance universelle et passive se fait sentir dans toutes les branches des affaires publiques. Les officiers des différens départemens, depuis le premier jusqu'au neuvième rang, sont investis du pouvoir d'infliger sur-le-champ le châtiment du bambou, toutes les fois qu'ils le jugent à propos, et sans instruction ni procès préalable, attendu que c'est une correction paternelle. La plus légère offense se punit de cette manière, au caprice du dernier magistrat.

Une autorité aussi arbitraire, donnée au puissant sur le foible, aigrit nécessairement ce dernier, et lui inspire une crainte, une défiance continuelles. Aussi les gens du peuple tremblent-ils à l'approche d'un homme en place, comme des écoliers épient tous les mouvemens d'un sévère pédagogue. Mais l'indulgence paternelle de l'empereur est reconnue même dans les châtimens ; le patient peut demander l'exemption de chaque cinquième coup, comme une grace de l'empereur. Au surplus, il n'en est pas plus avancé ; ce qui manque en nombre, peut se retrouver en poids.

Cette manière de prouver l'affection paternelle n'est pas usitée envers le peuple seul ; elle s'étend à tous les rangs, à toutes les classes, et ne s'arrête qu'aux pieds du trône. Chaque mandarin, en remontant du neuvième rang au quatrième, peut infliger à son inférieur une correction légère ; et l'empereur fait donner des coups de bambou à ses ministres et aux officiers des quatre premières classes, toutes les fois qu'il le juge nécessaire pour leur bien. Il est notoire que le dernier empereur Tchien-Long fit corriger ainsi deux de ses fils, déjà parvenus à l'âge mûr. Je crois que l'un d'eux est l'empereur régnant.

Lorsque nous voyagions dans ce pays, il ne se passoit guère de jour que nous ne vissions donner des coups de bambou, et d'une telle manière, que tout autre nom que celui de *douce correction* eût été plus convenable.

Un Chinois ainsi maltraité, jette des cris effroyables; un Tartare garde le silence. Le Chinois, après avoir reçu un certain nombre de coups, tombe à genoux, comme par devoir, devant celui qui l'a fait punir, et le remercie très-humblement de la tendresse paternelle qu'il a montrée pour son fils, en lui faisant connoître ses torts; le Tartare, au contraire, murmure, et soutient qu'un Chinois n'a point le droit de le faire battre; et il se retire dans un morne silence.

Il est sans doute ridicule aux yeux d'un étranger, de voir un officier d'état se coucher à terre pour être fustigé, par ordre d'un autre officier qui se trouve d'un rang au-dessus de lui. Cependant il est en même temps impossible de contenir son indignation, en voyant ces excès d'avilissement et de dégradation, ce devoir de se soumettre patiemment à un châtiment corporel, infligé par la main d'un esclave ou d'un simple soldat, et de se prêter ensuite à l'action, encore plus vile et plus humiliante, de baiser la verge dont on vous a frappé.

Mais le gouvernement a eu assez de politique pour écarter, à cet égard, tous les scrupules. Il ne peut y avoir ni déshonneur, ni disgrace, dans une punition dont l'affection paternelle est le seul motif. Le gouvernement en est venu à ce point vraiment merveilleux de soumettre tous les individus, l'empereur excepté, à la même correction. Mais il a fallu employer bien de l'adresse pour subjuguer entièrement l'esprit des sujets, et les convaincre complètement, avant d'obtenir ce système d'obéissance universelle, qui, cela étoit évident, ne pouvoit avoir d'autres conséquences qu'une servitude générale.

On ne pouvoit mettre un obstacle plus efficace aux plaintes de la multitude, qu'en lui montrant que le même homme qui avoit le pouvoir de la châtier, étoit dans le cas d'être puni à son tour, et de la même manière, par un autre. Je crois que ce châtiment par le bambou, est une des plus anciennes institutions de la Chine. Il seroit difficile de croire qu'on eût pu l'introduire dans une société déja civilisée; il doit remonter à la même époque que l'origine de cette société.

On infligeoit autrefois en Russie, aux personnes de tous les rangs, une punition d'un genre à-peu-près semblable, pour des fautes légères, mais avec cette différence, que la correction se faisoit en particulier, et de l'ordre du seul souverain. Le czar Pierre Ier donnoit, de sa propre main, des coups de bâton à ses courtisans. Ceux-ci, bien loin de s'en croire déshonorés et disgraciés, regardoient ce traitement même comme une marque particulière de faveur et de confiance. On assure que le prince Menzikoff sortoit fréquemment du cabinet de son maître avec un œil poché, et le nez tout sanglant ; il paroissoit n'acquérir que plus d'importance par ces témoignages non équivoques de l'amitié du czar. Aujourd'hui encore, ou du moins il n'y a pas long-temps, on attachoit peu de honte au châtiment du *knout*, lorsqu'il étoit infligé en secret, par ordre de la cour. Mais cette abominable coutume a cessé tout-à-fait, ou ne tardera pas à s'anéantir. Des mesures aussi arbitraires ne peuvent subsister chez un peuple éclairé.

Ces deux grands empires, des deux plus vastes qui existent dans le monde, puisqu'ils se partagent entre eux près d'un cinquième de tout le globe habitable, présentent, sous le rapport des circonstances politiques, un singulier contraste.

Il y a un siècle, la Russie commençoit à peine à sortir de l'état de barbarie, et dans un autre siècle, selon toute probabilité humaine, elle jouera un grand rôle parmi les nations européennes, par les arts et par les armes.

Il y a deux mille ans, la Chine étoit à-peu-près aussi civilisée qu'elle l'est de nos jours. Les deux gouvernemens étoient despotiques, et les peuples esclaves.

Le génie naturel des Russes, restreint peut-être jusqu'à un certain point par la rigueur d'un climat glacé, est moins susceptible de perfectionnement que celui des Chinois. D'où vient donc, demandera-t-on, la différence si grande que l'on trouve dans le perfectionnement progressif des deux nations ? Je crois qu'on peut l'attribuer aux deux causes que voici :

La Russie invite et encourage les étrangers à instruire ses sujets dans les arts, les sciences et les manufactures. La Chine, par esprit d'orgueil national et par jalousie, les écarte et les repousse.

La langue russe s'apprend aisément, et les sujets de ce pays apprennent aussi facilement celles des autres nations. L'idiome de la Chine est, au contraire, si difficile, et la méthode de l'enseignement est si vicieuse, qu'il faut qu'un homme ait passé la moitié de sa vie pour se mettre en état d'occuper un emploi ordinaire. Les Chinois ne connoissent pas d'autre langue que la leur.

L'empire de Russie, enfin, est dans la vigueur de la jeunesse; il croît chaque jour en forces et en lumières. L'empire chinois est usé par la vieillesse et par les infirmités; et dans cette situation, il n'est guère possible qu'il fasse aucune espèce de progrès.

A ce principe d'obéissance universelle, le gouvernement chinois en a ajouté un autre qui est bien propre à flatter l'esprit du peuple: les premiers honneurs, les plus grandes dignités, sont ouverts aux hommes de toutes les classes; on n'y connoît point de noblesse héréditaire, ou du moins qui possède des privilèges exclusifs. Quelquefois le souverain donne à toute une famille une distinction, comme une marque de faveur; mais comme cette distinction ne procure ni pouvoir, ni priviléges, ni émolumens, elle est bientôt effacée.

Toutes les dignités sont purement personnelles. Les princes du sang eux-mêmes se perdent insensiblement dans la foule, à moins que leurs talens, ou leur assiduité, ne les rendent dignes de quelque emploi. Hors de cela, il n'y a presque pas de distinctions, même dans la famille impériale, au-delà de la troisième génération.

Dans les jours de cérémonies, l'empereur peut discerner, d'un seul coup d'œil, le rang de chaque courtisan, dans les milliers qui l'entourent. Les officiers civils ont, sur la poitrine et sur le derrière de leur robe, un oiseau en broderie ; les officiers militaires ont un tigre également brodé. Leurs divers rangs sont marqués par des globes de diverses couleurs, au-dessus de leur bonnet. L'empereur confère à ses favoris deux ordres de distinction : l'un est celui de la veste jaune ; l'autre, celui de la plume de paon.

L'influence que donnent parmi nous la naissance, la fortune et la réputation, n'est d'aucun poids chez les Chinois. Le plus savant, et j'ai expliqué dans quelle acception il faut entendre ce terme, est sûr d'être employé, s'il n'a pas une mauvaise réputation ; cependant, depuis l'avénement des empereurs tartares, les Chinois se plaignent de n'arriver aux premiers rangs que lorsqu'ils sont avancés en âge.

Le savoir tout seul, conformément aux maximes sévères de l'état, conduit aux emplois, et les emplois conduisent aux distinctions. Les richesses sans savoir sont comptées pour peu de chose, et ne donnent point de distinction, si ce n'est dans quelques provinces, par exemple à Canton, où l'on vend les marques extérieures des emplois. C'est pour cela que la propriété n'est pas autant l'objet de la sollicitude des lois de la Chine, qu'elle l'est par-tout ailleurs, et qu'elle n'y a pas la même consistance. Dans nos gouvernemens d'Europe, les riches propriétaires ne manquent point d'obtenir de l'influence, parce qu'on a besoin d'eux. En Chine, l'homme opulent craint d'avouer ses richesses, et toutes les jouissances qu'elles procurent lui sont dérobées.

Il arrive quelquefois, à la vérité, que les hautes dignités de l'état s'obtiennent en Chine comme ailleurs, par un incident favorable ou par le caprice du souverain. On en a vu un exemple frappant dans la personne de *Ho-tchoung-tang*, le dernier qui occupa, sous Tchien-Long, l'emploi de premier ministre.

Cet homme, Tartare d'origine, se trouvoit, par hasard, de garde au palais. Sa beauté, sa jeunesse et sa bonne mine frappèrent si vivement l'empereur, tandis qu'il passoit, qu'il le fit bientôt appeler. Charmé également de sa conversation et de ses manières, le monarque l'éleva rapidement, quoique par degrés, du rang de simple soldat, au plus haut poste de l'empire.

On a souvent observé que cette élévation soudaine du néant au suprême pouvoir, a eu des suites non moins fatales pour celui que la fortune favorisoit un instant, que pour le public. C'est ce qui arriva à ce ministre favori.

Pendant la vie du vieux monarque, sur lequel, dans ses dernières années, on assure qu'il exerça une influence sans bornes, il employa tous les moyens de fraude, d'extorsion, d'oppression et de tyrannie, pour amasser des richesses si considérables en or, argent, perles et immeubles, qu'on le regardoit généralement comme le particulier le plus opulent dont l'histoire du pays eût fait mention.

Son orgueil et ses manières hautaines l'avoient rendu si odieux à la famille impériale, que tandis que nous étions à Pékin, le bruit public assuroit qu'il avoit formé le projet de ne point survivre à son maître ; il avoit toujours sur lui une dose de poison, pour ne point se trouver exposé aux recherches sévères que le successeur de Tchien-Long ne manqueroit pas de faire sur sa conduite ministérielle.

Il paroît cependant que lorsque cet événement si redouté arriva, l'amour de la vie, l'espoir de se sauver, le firent changer de dessein, et qu'il préféra courir les chances d'un procès. Il fut reconnu, ou plutôt on dit qu'il s'avoua coupable de tous les crimes dont on l'accusoit. Les biens immenses, fruits de ses vexations, furent confisqués au profit de la couronne; et on le condamna à souffrir une mort ignominieuse (1).

―――――――

(1) Les circonstances qui ont accompagné la chute de ce ministre sont curieuses, et montrent dans tout son jour le despotisme du gouvernement chinois. Le nouvel empereur, déterminé à le perdre, publia un édit dans lequel, après s'être excusé de ne point s'abstenir, conformément aux lois de l'état, de toute innovation pendant

Mais *Ho-tchoung-tang*, s'il étoit coupable en effet d'une am-

l'espace de trois années depuis la mort de son père, il déclare que les crimes et les excès de *Ho-tchoung-tang* sont d'une nature si horrible, qu'il lui est impossible d'avoir pour lui ni indulgence ni pitié. Il présente ensuite vingt chefs d'accusation, dont voici les principaux :

Manque de respect envers l'empereur son père, pour s'être rendu à cheval jusqu'à la porte de la salle d'audience, à *Yuen-min-Yuen*.

Audace. Sous prétexte qu'il boitait, il s'est fait porter en palanquin, et s'en est fait rapporter, en passant par la porte réservée à l'empereur.

Scandale. Il a enlevé les jeunes vierges du palais, et se les est appropriées.

Orgueil et insolence. Il a contreman-

bition demesurée ou d'actes d'injustice, est bien loin d'être le seul

---

dé l'ordre par lequel l'empereur actuel enjoignoit à tous les princes tartares, excepté ceux qui avoient la petite-vérole, d'assister aux funérailles de *Tchien-Long*, et il en a refait un autre qui ne portoit aucune exception.

Corruption et partialité. Il a vendu ou donné des places importantes à des personnes qui n'étoient point en état de les remplir.

Arrogance. Il a fait brûler dans sa maison du bois de cèdre (*nan-mou*), exclusivement destiné aux palais impériaux. Il a fait construire une maison et des jardins sur le modèle de ceux de l'empereur.

Il avoit en sa possession plus de deux cents cordons de perles, et une immense quantité de joyaux et de pierres

L*

qui, élevé de la dernière classe à une dignité éminente, se soit con-

précieuses que son rang ne lui permettoit pas de porter ; entre autres une perle d'une telle grosseur, que jamais l'empereur n'en a eu de pareille.

Enfin, il avoit seulement en or et en argenterie une somme d'au-moins dix millions de taëls (3,300,000 liv. sterling).

Un des articles est singulièrement curieux. — Il a, est-il dit, commis une trahison insigne en instruisant le nouvel empereur de l'intention où étoit son père, d'abdiquer le gouvernement en sa faveur, *un jour* avant que *Tchien-Long* le déclarât publiquement, croyant, par ce moyen, captiver sa faveur et son affection.

Après avoir détaillé les divers chefs

duit de cette manière. Les officiers du gouvernement, placés par la

---

d'accusation, l'empereur déclare que ce ministre ayant été interrogé par un prince tartare, sur ces différens points, a avoué que le tout étoit vrai. C'est pourquoi, sans autre instruction, il ordonne aux présidens et membres des tribunaux de Pékin, aux vice-rois des provinces, et aux gouverneurs des villes, de prononcer d'après cela l'arrêt dudit *Ho-tchoung-tang*.

La majorité des juges condamna, en conséquence, ce malheureux à avoir la tête tranchée; mais, par bienveillance et par une grace toute particulière de l'empereur, on lui accorda d'exécuter lui-même sa sentence. On lui envoya un cordon de soie, comme un avertissement de cette marque de faveur; et il se fit étrangler par ses gens.

constitution comme une sorte de barrière entre le prince et le peuple, sont les plus grands oppresseurs de ce dernier, qui rarement trouve moyen d'obtenir justice et

---

Qui pourroit, en Chine, se flatter d'être absous, lorsque le monarque lui-même se porte accusateur ? Il n'y a point ici, entre l'autorité exécutive et le pouvoir judiciaire, cette ligne d'indépendance, que l'auteur de l'Esprit des Lois a prouvé être le grand fondement sur lequel repose la garantie juste, légale et efficace de la vie et de la propriété des sujets. Dans tous les crimes d'état, l'empereur devient l'accusateur et le juge; et dans le procès d'*Ho-tchoung-tang*, on peut dire également qu'il a été le seul témoin.

de porter ses plaintes jusqu'à l'oreille de l'empereur. Il n'y a point en Chine de moyenne classe, de ces hommes à qui leurs propriétés et des idées indépendantes donnent quelque poids dans le pays où ils se trouvent, et dont l'influence et le pouvoir sont ménagés par le gouvernement.

En effet, il n'y a ici que des gouvernans et des gouvernés. Si quelqu'un, par son commerce ou son industrie, a accumulé des richesses, il faut qu'il en jouisse en secret ; il n'ose point se procurer une maison trop spacieuse, ni des habits trop magnifiques, de peur que son voisin ne le trouve plus opulent que lui, et n'aille le dénoncer à l'officier commandant du district : celui-ci ne manqueroit pas de le condamner aux peines prononcées par les lois somptuaires, et feroit confisquer tous ses biens.

Quelquefois, il est vrai, les extorsions dont les officiers rendent le peuple victime, finissent par rencontrer la main sévère de la justice, comme cela est arrivé à *Ho-tchoung-tang*. D'autres magistrats ont sans cesse l'œil ouvert sur leurs démarches, et dès qu'ils en trouvent l'occasion, ils en informent la cour. Le gouvernement envoie aussi dans les provinces des espions, sous le nom d'inspecteurs. Jaloux l'un de l'autre, ils ne manquent jamais l'occasion de faire à leurs supérieurs des rapports défavorables.

Malgré toutes ces précautions, les sujets sont horriblement vexés. Il est vrai que lorsqu'un homme en place est convaincu de quelque légère faute, la cour le réprimande publiquement dans la gazette de Pékin. Si le délit est plus grave, le coupable est dégradé; et tout officier ainsi déchu de son rang, est obligé d'en faire mention dans tous les ordres publics qui émanent de lui. Cette humiliation sert à lui rappeler ses torts, et en même temps à montrer au public que l'œil vigilant de l'administration s'étend sur tous ses agens.

Le dernier acte de dégradation, qui équivaut à une sentence d'infamie, c'est l'ordre de surveiller les préparatifs de la tombe de l'empereur. La personne ainsi avilie est censée plus propre à être employée parmi les morts que parmi les vivans. Tchang-ta-Gin, dernier vice-roi de Canton, fut condamné à cet humiliant service (1).

Le vice-roi d'une province ne reste pas plus de trois années en place, de peur qu'il n'acquière trop d'influence. Aucun serviteur de la couronne ne sauroit former des liens de famille dans l'endroit où

---

(1) Parmi les diverses coutumes de la Chine, dont parlent les relations des deux Mahométans qui y voyagèrent au neuvième siècle, on trouve celle-ci, qui est très-remarquable. Cette circonstance, et plusieurs autres, prouvent invinciblement l'exactitude et l'authenticité de ces deux relations.

il commande, ni obtenir un emploi considérable dans la ville où il est né.

Mais, encore une fois, tout cela donne peu de sécurité au peuple. Il n'a point de voix dans le gouvernement, ni directement, ni par ses représentans. L'unique satisfaction qu'il puisse attendre des torts qu'on lui fait, encore est-elle purement négative, c'est la dégradation et la destitution de son oppresseur, que l'on remplace par un autre peut-être également mauvais.

M. de Paw observe que la Chine est entièrement gouvernée par le fouet et le bambou. Il auroit pu y ajouter le calendrier et la gazette de de Pékin. Ce sont, dans les mains du gouvernement, des instrumens très-utiles.

Par la circulation du calendrier, le gouvernement maintient parmi le peuple certaines superstitions qu'il semble s'étudier à encourager.

La gazette lui sert de véhicule pour préconiser, d'un bout de l'empire à l'autre, les vertus et la tendresse paternelle du souverain régnant, prouvées par le soin qu'il prend de punir ses officiers non-seulement du mal qu'ils ont fait, mais du bien qu'ils ont manqué de faire. Par exemple, lorsque la famine désole quelques provinces, les principaux officiers sont dégradés pour n'avoir pas usé des précautions convenables.

Cette gazette, publiée en forme de petite brochure, paroît tous les deux jours. Les missionnaires ont prétendu qu'une mort immédiate devoit être la punition d'un mensonge inséré dans la gazette impériale. Cependant elle est fameuse pour publier la description de batailles qui n'ont point été livrées, et pour annoncer des victoires qui n'ont jamais été remportées.

La vérité de cette observation est prouvée par diverses proclamations de *Kaung-Chy*, de *Tchien-Long*, et de l'empereur actuel, où ils reprochent à des généraux éloignés, de faire de faux rapports et de supposer des milliers ou des dix milliers d'ennemis tués, lorsque quelquefois aucun engagement n'a eu lieu (1).

---

(1) Voici les propres termes de la proclamation de *Kaung-Chy*, répétés

Peut-être les missionnaires ont-ils voulu dire que l'éditeur seroit puni s'il osoit insérer un article qui n'auroit pas été officiellement envoyé par le gouvernement.

En Chine, la presse est aussi libre qu'en Angleterre, et chacun peut exercer la profession d'imprimeur; ce qui est assez singulier, et peut-être le seul exemple de ce genre

---

dans celle de *Kia-King :* « A présent,
« lorsqu'une armée entre en campa-
« gne, chaque rapport qu'elle envoie
« de ses opérations contient le récit
« d'une victoire ; on parle de rebelles
« dispersés à la première rencontre,
« chassés de leurs postes, tués et bles-
« sés, au nombre de plusieurs mil-
« liers. »

(*Gazette de Pékin*, 31 juillet 1800.)

sous un gouvernement despotique. On a communément supposé que c'étoit seulement dans des pays libres, où toutes les personnes étoient également sous la protection des lois, et passibles des mêmes peines, que la liberté de la presse pouvoit exister, et qu'il étoit presque impossible qu'un pouvoir fondé sur l'erreur et l'oppression, pût se soutenir long-temps si la presse étoit libre.

C'est la presse qui, en Europe, a ruiné l'influence des prêtres, en dissipant les nuages qui avoient long-temps obscurci la vérité (1).

---

(1) Quand l'art typographique fut introduit en Angleterre, et qu'on établit des presses dans l'abbaye de West-

M*

Le gouvernement chinois semble ne rien redouter de la liberté de la presse. Le mode expéditif de punir sans forme de procès toute violation de l'honnêteté ou des bonnes mœurs, fait une défense positive d'imprimer des choses inutiles, et restreint suffisamment la licence de

---

minster, un ecclésiastique très-fin dit à l'abbé : « Si vous ne détruisez « cette machine, elle détruira votre « commerce. » Il voyoit d'un coup d'œil qu'en répandant les connoissances, la presse occasionneroit la chute de l'influence sacerdotale. Si tout le reste du clergé avoit été aussi clairvoyant, il est probable que les siècles ténébreux de la superstition et de l'ignorance auroient continué, ou du moins se seroient prolongés.

la presse. L'imprimeur, le vendeur et le lecteur d'un libelle diffamatoire sont également exposés aux coups de bambou. Peu de personnes, je le suppose, seroient assez hardies pour imprimer des réflexions sur la conduite du gouvernement, ou de ses principaux officiers.

Cependant, malgré tous les dangers que fait courir la profession d'imprimeur, on publie journellement dans la capitale des papiers où, comme dans les nôtres, on fait circuler des anecdotes secrètes et des nouvelles de l'intérieur. On y annonce aussi des objets à vendre, et les admirables vertus de certaines drogues.

On nous a assuré que dans un de ces papiers, le missionnaire portugais dont parle la lettre de M. Grammont, fit insérer un article où l'on reprochoit aux Anglais leur extrême négligence de n'avoir point apporté de présens pour les princes du sang, ni pour les ministres. Cette supposition fausse et malicieuse fut, dit-on, suivie d'un autre article, où l'on disoit que les présens destinés à l'empereur étoient des objets communs et de peu de valeur.

Un autre journaliste prétendoit en donner le catalogue; il parloit d'un éléphant pas plus gros qu'un rat, de géans, de nains, d'oreillers magiques et autres choses qui n'avoient pas le sens commun.

On nous déroboit avec soin la connoissance de ces feuilles. Sous le généreux prétexte que nous étions des hôtes de l'empereur, on ne nous permettoit de rien acheter. Lui seul devoit fournir à tous nos besoins; mais ses officiers se réservoient de juger quels étoient ces besoins.

C'est un singulier phénomène dans l'histoire des nations, que le gouvernement d'un empire aussi vaste que la Chine ait subsisté plus de vingt siècles sans éprouver de changemens essentiels. En effet, sans admettre les prétentions des Chinois à une extravagante antiquité, quoiqu'ils ne laissent pas d'être fondés dans leurs suppositions, il n'y a pas de doute qu'ils ne fussent à-peu-près dans le même état, gouvernés par les mêmes lois, et presque sous la même forme de gouvernement qu'ils ont aujourd'hui, quatre siècles avant J.-C. C'est vers ce temps que florissoit leur célèbre philosophe, dont les écrits jouissent encore de la plus haute réputation. Ils contiennent toutes les maximes sur lesquelles repose encore leur gouvernement, toutes les regles d'après lesquelles les différentes classes de l'état doivent diriger leur conduite ; et l'on estime que la monarchie des Chinois a été établie deux mille ans avant Confucius.

Si la longueur de la durée d'un gouvernement sans qu'il ait été ébranlé, ni changé par les révolutions, est la pierre de touche de sa bonté, la Chine mérite sans contredit le premier rang parmi les nations civilisées. Mais, qu'il soit bon ou mauvais, il n'en a pas moins réussi à façonner la multitude à son gré, d'une manière dont les fastes du monde n'offrent point d'exemple.

Quelques circonstances fortuites, dont la politique a tiré parti, semblent avoir contribué à sa durée. De ces circonstances, celle qui n'est pas la moins favorable, ce sont les barrières naturelles qui défendent le pays contre l'invasion d'un ennemi étranger; tandis que l'extrême précaution avec laquelle le gouvernement y reçut les voyageurs, cacha au monde entier, pendant plusieurs siècles, l'existence de l'empire le plus vaste, le plus puissant, le plus populeux qu'aient jamais fondé les hommes. Ainsi, isolé de toute communication avec le reste de la terre, le gouvernement a eu le temps de donner à ses sujets la forme et les habitudes qu'il desiroit.

D'autres circonstances heureuses ont concouru à assurer en Chine une tranquillité éternelle. La langue est, de sa nature, bien propre à tenir la masse du peuple dans un état d'ignorance. Il ne lui est pas défendu d'embrasser une religion de son choix, et il n'est pas tenu d'en observer une qu'il n'approuve pas.

Les peines qu'on a prises pour leur inculquer le goût de la sobriété, pour détruire toute confiance mutuelle; pour rendre chacun réservé et soupçonneux à l'égard de son voisin, ont dû mettre un obstacle au commerce de la société.

On ne voit point de Chinois se réunir, même pour manger ensemble, si ce n'est les membres d'une même famille; encore ne se rassemblent-ils qu'à la nouvelle année.

Il n'existe point chez eux de ces assemblées turbulentes où l'on discute des griefs réels ou imaginaires avec toute l'aigreur et la violence que peuvent inspirer des insinuations perfides contre le gouvernement, aidées de l'effet des liqueurs fortes. Contens de ne prendre aucune part au gouvernement, il ne leur est jamais venu dans l'idée qu'ils y eussent des droits (1). Et cer-

―――――――――――――

(1) Lorsque la doctrine pernicieuse que Thomas Payne a exposée dans ses *droits de l'homme*, eût été traduite en différentes langues, on entreprit habilement de la propager parmi les

tainement ils ne jouissent pas d'autres droits que de ceux qu'il est facile de méconnoître et de fouler

---

nations orientales, au moyen des émissaires des jacobins de France. Un de ces zélés perturbateurs du repos du monde, après avoir réussi à fournir aux cheicks arabes un extrait de ce livre précieux, traduit dans leur langue, tourna ses vues sur le vaste empire de la Chine, théâtre glorieux pour ces ardens cosmopolites, s'ils avoient pu accommoder leur drame suivant le goût du peuple. Toutefois la tentative échoua. Les magnifiques opinions de Thomas Payne ne purent être traduites en langue chinoise, et ce malheureux peuple n'en entend pas d'autre. Ainsi 333,000,000 d'hommes sont condamnés à rester dans l'ignorance et dans la misère, parce que

aux pieds, toutes les fois que le souverain ou un de ses délégués le juge utile à ses intérêts.

Il arrive bien quelquefois des insurrections partielles; mais il ne faut les attribuer qu'à l'excessive pauvreté du peuple, qui, dans les temps de famine, est obligé d'arracher des subsistances par force; ce qu'il ne feroit point autrement. On peut rapporter à cette cause presque tous les troubles dont parle leur histoire; et dont quelques-uns, lorsque la calamité est devenue générale, ont interverti l'ordre de

---

leur langue n'a pu rendre la savante doctrine de Thomas Payne.

(*Note de l'Auteur.*)

la succession, et même changé la dynastie.

Nos conducteurs chinois nous ont assuré néanmoins qu'il existoit dans quelques provinces de certaines sociétés mystérieuses, dont le principal objet étoit de renverser le gouvernement tartare ; qu'on y tenoit des assemblées secrètes où l'on donnoit un libre cours aux plaintes contre l'influence des Tartares, où l'on se rappeloit avec orgueil l'antique gloire de la nation, où enfin l'on méditoit une vengeance.

S'il en est ainsi, l'état de la société se prêtera difficilement aux vues de ces hommes turbulens ; et certes une révolution ne seroit point désirable pour les Chinois eux-mêmes ; elle ne manqueroit pas d'avoir les suites les plus affreuses. Les soldats tartares se lasseroient d'égorger, et les millions d'hommes qui auroient échappé au glaive, périroient par la famine, pour peu que les travaux de l'agriculture fussent interrompus. Il n'y a point en effet de pays d'où la Chine puisse tirer un supplément de subsistances.

Afin de prévenir, autant que possible, la rareté des grains, et en vertu de cette opinion reçue parmi eux, que l'agriculture est la véritable source de la richesse et de la prospérité nationales, le gouvernement chinois a, dans tous les siècles, décerné les plus grands honneurs à toute espèce de perfectionnement dans cette branche d'industrie.

Le laboureur est considéré comme un membre aussi honorable qu'utile à la société. Il prend son rang après les lettrés, ou les officiers d'état, dont à la vérité il est souvent le père. En Chine, le soldat cultive la terre. Les prêtres sont également agriculteurs, lorsque leurs couvens possèdent des terres.

L'empereur est considéré comme l'unique propriétaire du sol; mais le tenancier n'est jamais expulsé de ses possessions, tant qu'il continue de payer sa rente, qui est ordinairement le dixième du produit présumé; et quoique le propriétaire d'un terrain ne soit considéré que comme tenancier, il n'en est jamais dépossédé que par sa faute.

Les Chinois sont tellement accoutumés à regarder leur ferme comme une propriété, tant qu'ils en payent exactement la redevance, qu'un Portugais de Macao faillit perdre la vie pour avoir voulu augmenter la rente de ses fermiers chinois.

Si quelque laboureur se trouve maître d'un champ trop vaste pour que sa famille puisse le cultiver, il le cède à un autre, à condition que celui-ci lui donnera la moitié des produits sur lesquels il acquitte les impôts. Une grande partie des plus pauvres paysans cultivent la terre à ces conditions.

On ne voit point, dans ce pays,

de ces domaines immenses qui comprennent presque tout un district; point de fermiers accapareurs, ni de traficans de grains; chacun peut apporter ses productions au marché public. On n'afferme point le droit de pêche. Chacun des sujets a un droit égal sur les productions de la mer, de ses criques, des lacs et des rivières. On n'y connoît point de fiefs avec des priviléges exclusifs; point de vastes terrains employés à nourrir des bêtes fauves ou du gibier, des oiseaux, pour l'avantage ou le plaisir de quelques particuliers. Chacun a le droit de chasser sur ses terres ou dans les communaux: cependant, et malgré tous ces avantages, il se passe rarement trois annéess ans que la famine désole une province ou une autre.

La république romaine nous offre une foule d'exemples de personnages éminens qui se glorifioient de diriger la charrue, de fertiliser la terre, et de remplir la tâche que la nature a imposée à l'homme. De même en Chine, vers l'équinoxe d'automne, l'empereur, après un sacrifice solennel au Dieu du ciel et de la terre, pratique la fameuse cérémonie de conduire la charrue; et son exemple est suivi par les vice-rois, les gouverneurs et autres grands officiers, sur tous les points de l'empire.

Quoique cette fête soit, selon toute apparence, la suite d'une institution religieuse, elle est bien propre à encourager la classe industrieuse des laboureurs. Un tel hommage rendu à leur profession, ne peut manquer d'exciter leur gaîté et leur énergie. C'est pour cela que les marchands et les artisans sont placés beaucoup au-dessous des laboureurs.

Bien loin qu'on accorde ici au commerce la même distinction dont il jouissoit dans l'ancienne Tyr, « où les négocians étoient des prin- « ces, où les marchands étoient « qualifiés d'honorables sur la « terre, » — bien loin aussi qu'il ait ces grands priviléges qu'on lui accorda en Angleterre sous le règne d'Alfred, pendant lequel un marchand anglais qui avoit fait trois voyages par mer dans les pays étrangers, étoit élevé au rang de noble, tout Chinois qui s'occupe du trafic étranger, n'est guère mieux considéré qu'un vagabond.

Le commerce intérieur est seul réputé nécessaire et digne de la protection du gouvernement. On permet que tous les produits du sol et des manufactures soient échangés d'une province à l'autre, moyennant un modique droit de *transit* et un péage sur les rivières et les canaux, que l'on applique spécialement aux réparations des écluses, des ponts et des chaussées. Ce commerce ne se faisant que par échange, emploie une multitude incalculable de navires et de jonques de toute espèce. Je suis fermement persuadé que tous les vaisseaux et bateaux du reste du monde, pris collectivement, ne seroient égaux ni en nombre, ni par leur tonnage (1), à ceux de la Chine.

Le commerce extérieur n'est absolument que toléré. La cour de Péking montre à ce sujet tant d'indifférence, que plusieurs fois ses agens ont insinué, et qu'on en a conçu des craintes très-sérieuses en Europe, que l'on étoit à moitié disposé à fermer aux étrangers le port de Canton. Il est certain que les traitemens qu'on y fait subir aux marchands du dehors, suffi-

---

(1) La somme de toutes leurs capacités réunies.

roient pour les exclure, et qu'on n'y dévore tant d'opprobres et de vexations, qu'en considération de l'importance du commerce, et surtout à cause du thé. Cet objet qui, il y a un siècle, n'étoit que de luxe, est devenu, notamment dans la Grande-Bretagne, une des premières nécessités de la vie.

Les taxes qu'on lève en Chine pour subvenir aux besoins du gouvernement, sont loin d'être exorbitantes et d'écraser les sujets. Elles consistent dans la dîme des produits territoriaux que l'on paye en nature, dans un impôt sur le sel, sur les marchandises étrangères, et quelques droits plus modiques qui ne chargent point sensiblement la masse du peuple. Le montant des contributions que chaque individu paye à l'état, ne va pas, l'un dans l'autre, au-delà de quatre schellings par année (1).

Avec de tels avantages inconnus dans d'autres contrées, et tous les encouragemens que l'on donne à l'agriculture, on seroit porté à croire que la condition du pauvre y est moins dure que par-tout ailleurs. Cependant les disettes y font périr des milliers d'individus. Il y a si souvent de mauvaises récoltes dans une province ou dans l'autre, soit à cause de la sécheresse, soit à cause des inondations, que le gouvernement a rarement réuni assez de grains pour satisfaire aux be-

---

(1) Un peu moins de cinq francs.

soins du peuple. Cependant il n'y a que cette ressource précaire pour remédier au mal ; encore l'application s'en fait-elle avec peu de rapidité, parce que les secours doivent passer par trop de mains. Il en résulte que les Chinois affamés sont réduits à piller leurs plus riches voisins.

Il y a peu de charités publiques en Chine, et il n'est pas d'usage qu'on y demande l'aumône. Je n'ai point observé un seul mendiant d'une extrémité de l'empire à l'autre, si ce n'est dans les rues de Canton. Il n'y existe point de réglemens en faveur des pauvres, pour obliger le cultivateur et l'artisan laborieux à nourrir les paresseux, et à entretenir ceux qui pourroient prendre soin d'eux-mêmes; enfin, les indigens d'aucune sorte ne sont soulagés par des impôts sur le public.

Les enfans, ou à leur défaut, les plus proches parens, doivent nourrir les personnes âgées; et les parens disposent de leurs enfans suivant qu'ils le jugent plus avantageux pour l'intérêt de la famille. Comme plusieurs générations sont réunies dans la même maison, ces personnes vivent à meilleur marché que si les ménages étoient séparés.

Dans les temps de détresse, le gouvernement est censé le père du peuple, et l'on ne peut nier ses bonnes intentions. S'il est prouvé que quelqu'un de ses officiers a, par négligence ou par malice, retenu le grain des pauvres, on le punit avec une extrême sévérité, et quelquefois de mort.

Un autre avantage dont jouissent les Chinois, c'est que le montant des taxes est fixé d'une manière certaine. Jamais on ne les oblige, par de nouvelles levées de fonds, de se cotiser pour les dépenses extraordinaires du gouvernement, si ce n'est en cas de rebellion; on impose alors quelquefois, sur les provinces voisines, une taxe additionnelle. Mais en général le gouvernement exécutif doit proportionner ses besoins aux ressources ordinaires, et ne grève point son peuple d'un nouvel impôt.

On a diversement évalué les revenus de ce grand empire. Comme le principal impôt, celui sur les terres, se paye en nature, il n'est guère possible d'en fixer exactement le montant, puisqu'il dépend en grande partie du succès de la récolte. Un empereur qui veut se populariser, a toujours soin de faire la remise des contributions dans les pays qui ont souffert de la sécheresse ou des débordemens.

Chou-Ta-Gin donna à lord Macartney, d'après les rôles impériaux, un aperçu des sommes levées dans chaque province, et présentant un total d'environ soixante-six millions sterling; ce qui ne fait pas plus de deux fois les revenus que la Grande-Bretagne a payés en 1803, sans y comprendre la taxe des pauvres et autres dépenses des paroisses. Cette somme, répartie entre tous les habitans, présente, par chaque individu, une capitation de quatre shellings; tandis qu'en Angleterre chaque particulier paye environ quinze fois cette somme. Cependant je crois qu'en Chine un shelling peut-être regardé comme ayant une valeur triple de celle qu'il a dans la Grande-Bretagne.

Le produit des taxes sert à payer les établissemens civils et militaires, toutes les dépenses imprévues et extraordinaires; le surplus des fonds est versé dans le trésor impérial à Pékin, pour fournir aux dépenses de la cour et de la maison de l'empereur, à l'entretien de ses palais, de ses temples, de ses jardins, de ses femmes et des princes du sang.

Les confiscations, les présens et les tributs entrent dans sa cassette particulière.

Cet excédant de revenu, qui fut envoyé à Pékin en 1792, se montoit à environ 36,000,000 onces d'argent, ou 12,000,000 liv. sterling. L'opinion générale parmi les Chinois, est que l'on envoie à Moukden, capitale des Tartares-Mantcheoux, une forte partie de ce revenu surabondant; mais il paroît que c'est une erreur fondée sur une animosité nationale.

Quoique les immenses richesses d'*Ho-tchoung-tang* se soient englouties dans les coffres de l'empire, le monarque a jugé à propos d'accepter des marchands de sel de Canton, ce qu'on a appelé l'offre de 500,000 onces d'argent ; il a encore levé d'autres sommes et d'autres marchandises sur différentes provinces, pour appaiser une rebellion qui avoit éclaté du côté de l'ouest. Il envoya même à Canton une grande quantité de perles, d'agates, de serpentines et autres pierres de peu de valeur, dans l'espoir d'en tirer une ressource passagère, en les vendant à des marchands étrangers. L'empereur de la Chine n'a donc pas à sa disposition autant de trésors qu'on l'imagine communément. Il accepte même les dons volontaires de quelques particuliers, consistant en vases de porcelaine, soieries, éventails, thé, et autres bagatelles de ce genre, dont il fait ensuite des présens aux ambassadeurs étrangers; chacun de ces dons est pompeusement proclamé dans la gazette de Pékin.

Les principaux officiers civils du gouvernement, si l'on réduit leurs honoraires en espèces, reçoivent annuellement une somme de 2,960,000 onces d'argent (1). Les dépenses nécessaires pour l'entretien de la multitude d'officiers subalternes, et les autres frais d'administration, font un total à-peu-semblable : en sorte que d'après un calcul modéré, les dépenses civiles du gouvernement montent à 5,920,000 onces d'argent, qui font 1,973,333 livres sterling.

On peut se faire une idée des nombreux changemens dans les em-

----

(1) Plus de 48 millions de francs.

plois et dans l'administration, par cette circonstance, que l'almanach de la cour, ou *livre rouge*, se publie tous les trois mois en quatre volumes assez gros, ce qui en fait seize par an.

Les affections paternelles, la sagesse des précautions, l'inquiète jalousie du gouvernement, n'ont point paru suffire pour maintenir au-dedans et au-dehors la sûreté de l'empire, sans le secours d'une armée immense. D'après les états fournis par Van-ta-Gin, cette armée, au sein de la paix la plus profonde, est de 1,800,000 hommes, dont 1,000,000 d'infanterie et 800,000 de cavalerie.

Mais comme le gouvernement est assez porté à l'exagération dans tout ce qui a rapport à la puissance du pays, et que l'orsqu'il s'agit de nombre, il n'est point avare d'hyperboles, on peut conserver des doutes sur cet aperçu des forces militaires de la Chine. Les sommes nécessaires pour la paye et l'entretien de troupes aussi innombrables sont si excessives que les revenus n'y suffiroient pas. Si la simple paye et l'entretien de chaque soldat d'infanterie ou de cavalerie se montoit l'un dans l'autre, à un scheling par jour, cette seule partie des dépenses absorberoit par année 33 millions sterling (1).

Lord Macartney est parvenu à une approximation plus exacte de

---

(1) Plus de 800 millions de francs.

la vérité, en calculant, d'après les renseignemens de Van-ta-Gin ; et voici comment il est parvenu à déterminer l'emploi des revenus, qui s'élèvent à 66 millions sterling.

Dépenses civiles.. 1,973,333 l. st.
Dépenses milit.... 49,982,933
Maison de l'Empe-
reur, etc........ 14,043,734
        Total 66,000,000 l. st.

Si le montant des revenus dont j'ai fait mention est exact, comme il n'y a pas de raisons d'en douter, ils suffisent au-delà pour couvrir les frais d'un établissement aussi énorme que celui de l'armée chinoise.

Si le roi de Prusse, dont les états font sur le globe un point presque imperceptible, en comparaison de la Chine, peut tenir sur pied une armée de 180 à 200,000 hommes, je ne vois rien d'extravagant ni d'extraordinaire dans la supposition qu'un souverain dont le territoire est huit fois aussi étendu que l'étoit la France avant ses dernières conquêtes, puisse entretenir dix fois autant de troupes que le roi de Prusse.

On demandera peut-être à quoi une nation si peu exposée à des guerres étrangères, emploie tant de troupes. Mais en Chine, les occupations des militaires sont toutes différentes de celles qu'ils ont en Europe. A l'exception d'une grande partie de la cavalerie tartare, qu'on tient en cantonnemens sur les frontières septentrionales, et dans les provinces conquises en Tartarie, et de l'infanterie de la même nation qui est en garnison dans toutes les grandes cités de l'empire, le reste de l'armée est dispersé dans les petites villes, les villages et les hameaux, où les soldats font l'office de geoliers, d'agens de police, de maréchaussée, d'assesseurs des magistrats, de collecteurs subalternes et de gardes des greniers publics; ils sont enfin employés de différentes manières par les magistrats civils et par la police.

Il y en a en outre une quantité immense répartie dans les postes militaires sur les grands chemins, les canaux et les rivières. Ces corps de garde sont de petits bâtimens carrés, et comme de petits forts, au haut desquels est une guérite avec un étendard. Ils sont placés à la distance de 3 à 4 milles l'un de l'autre. Ces postes ne sont jamais gardés par plus de six hommes ; ils servent non-seulement à réprimer les vols et les brigandages, mais à transmettre les dépêches. Une lettre ainsi transmise de poste en poste, arrive en douze jours de Pékin à Canton, en parcourant plus de cent milles (34 lieues par jour). Il n'y a point en Chine de poste, ni d'autre moyen de transmettre la correspondance pour la commodité du public.

Une grande partie de l'armée chinoise ne doit être regardée que comme une espèce de milice qui jamais n'a été enrégimentée, et, selon toute apparence, ne le sera jamais ; c'est une partie de la société qui ne vit pas entièrement du travail du reste de la nation, mais qui contribue pour quelque chose à la masse commune.

Chacun des soldats placés dans les différens corps de garde, a une portion de terre qui lui est affectée; il la cultive pour sa famille, et paye sa quote-part des produits à l'état. Ce bienfait du gouvernement engage le soldat à se marier, et les gens mariés ne sont jamais retirés de leur place.

Des soldats de ce genre ne doivent pas avoir un air très-martial, quand ils sont sous les armes. Dans quelques endroits où on les for-

P *

moit en ligne pour complimenter l'ambassadeur, lorsqu'il faisoit un peu chaud, ils se servoient de leurs éventails au lieu de leurs mousquets. D'autres étoient placés sur un seul rang, et se mettoient tranquillement à genoux pour recevoir l'ambassadeur; ils demeuroient dans cette posture jusqu'à ce que leurs officiers leur eussent donné l'ordre de se relever.

Lorsque nous les surprenions à l'improviste, ils revêtoient à la hâte leurs uniformes de parade, ce qu'ils ne faisoient pas sans beaucoup d'embarras et de confusion. Dans cet attirail, ils avoient plutôt l'air d'être prêts à monter sur un théâtre qu'à faire des manœuvres guerrières. Leurs jupons piqués, leurs bottes de satin présentoient un mélange de rusticité et de mollesse qui s'accordoient mal avec le caractère d'un soldat.

Les différentes sortes de troupes qui composent l'armée chinoise, sont :

La cavalerie tartare, dont la seule arme est le sabre; un très-petit nombre est armé de l'arc.

L'infanterie tartare ; ce sont des archers qui portent de grands sabres.

L'infanterie chinoise, armée de la même manière ; les mousquetaires chinois.

Les tigres de guerre chinois, portant de grandes claies pour boucliers, et de longues épées mal faites. Sur leurs boucliers est peinte la figure d'un animal imaginaire, destinée à effrayer l'ennemi, ou, comme une autre Gorgone, à pétrifier ceux qui la regardent.

Les uniformes du soldat varient dans toutes les provinces ; quelquefois ils portent des vestes bleues bordées de rouge, ou des vestes brunes bordées de jaune. Quelques-uns ont des pantalons, d'autres des culottes avec des bas de toile de coton ; d'autres des jupons ou des bottes.

Les archers ont des robes longues et amples de coton bleu, piquées avec une espèce de feutre ou d'ouate, garnies tout du long de petits glands, et attachées au milieu avec une ceinture à laquelle le sabre est suspendu la pointe en dedans, du côté gauche, et non du côté droit, comme on le porte en Europe.

Ils sont coiffés d'un casque de cuir ou de carton doré, dont les côtés se rabattent de chaque côté sur les joues, et tombent sur les épaules. Le haut de ce casque ressemble exactement à un entonnoir renversé, qui se termine par une espèce de lance d'où pend une longue touffe de crins peints en rouge.

Le plus grand nombre de soldats que nous vîmes rassemblés dans un seul endroit, pouvoit être de deux à trois mille; on les rangeoit sur une seule ligne le long des bords d'une rivière; et comme il y avoit, entre chacun d'eux, un intervalle égal à l'épaisseur d'un homme, ils occupoient une étendue considérable.

Chaque cinquième homme portoit un étendard triangulaire, et chaque dixième, un autre plus grand; les bâtons qui les supportoient étoient fixés à leur veste entre les deux épaules. Ces étendards étoient verts et bordés de rouge, ou bleus et bordés de jaune. Je n'ai jamais vu les Chinois placés autrement que sur une seule ligne de front; jamais il n'y avoit deux hommes de profondeur.

La cavalerie tartare semble galoper très-vîte et charger avec une impétuosité extrême; mais les chevaux sont si petits et dressés à des mouvemens si serrés et si prompts, que l'œil s'y trompe aisément.

Dans le fait, leur marche n'est pas très-rapide.

Les selles sont très-douces; elles s'élèvent si haut devant et derrière, que le cavalier ne peut être aisément démonté; les étriers sont si courts, que le genou se trouve presque aussi élevé que le menton. Ils ont très-peu d'artillerie, et ce peu est aussi misérable qu'il puisse être. Je soupçonne qu'ils l'ont empruntée des Portugais, ainsi que leurs mousquets qui, sans contredit, viennent de cette nation.

Lorsque nous demandions à notre compagnon de voyage *Van-ta-Gin*, pourquoi ils donnoient la préférence à ces grossiers mousquets sur les fusils dont se servent maintenant les troupes d'Europe, il répondoit qu'on avoit éprouvé dans les sanglantes batailles du Thibet que les mousquets avoient produit beaucoup plus d'effet que les fusils. Il est difficile de combattre des préjugés; mais on parvint aisément à convaincre Van-ta-Gin que c'étoit au moins autant la faute des hommes que de leurs armes, et que la supériorité des mousquets venoit sans doute de ce qu'on les fixoit à terre sur une fourche de fer (1).

Les missionnaires ont donné un motif ridicule de l'exclusion des fusils parmi les Chinois ; ils prétendent que l'humidité de l'air empê-

---

(1) Voyez dans l'atlas, planche 15, la forme des mousquets, et celle de leurs autres armes.

cheroit la pierre de faire feu. Ils seroient tout aussi fondés à soutenir que la pierre ne donneroit point de feu en Italie. Le défaut de bon fer et de bon acier pour fabriquer les platines, ou la mauvaise qualité de la poudre, seroient de meilleures raisons; mais il y en a une plus puissante, c'est que les Chinois n'ont point assez de courage, ni de sang froid pour tirer un fusil avec la fermeté nécessaire pour que cette arme produise tout l'effet dont elle est capable.

Leur arme favorite est l'arc, qui, comme toutes les armes dont on se sert de loin, exige moins de bravoure que celles qui forcent un homme à s'exposer lui-même pour en attaquer un autre.

Quoique les Tartares aient jugé utile de conserver l'armée chinoise sur l'ancien pied, il est naturel de supposer qu'ils ont cherché par tous les moyens possibles à s'assurer la possession de ce vaste empire, et qu'ils ont recruté l'armée avec leurs compatriotes, de préférence aux Chinois.

C'est pour cela que tout enfant mâle tartare est enrôlé dès sa naissance. Cette précaution étoit d'autant plus nécessaire, que toute l'armée, au temps de la conquête, n'excédoit pas, dit-on, 80,000 hommes. En effet, dans ce temps, une administration foible avoit souffert que tout l'empire fût déchiré par des convulsions; chaque département militaire ou civil étoit à la discrétion des eunuques. On dit que les Tartares chassèrent du palais de Pékin six mille de ces créatures, lorsqu'ils en prirent possession.

La conduite des Tartares-Mantcheoux, dont la race occupe le trône, est un chef-d'œuvre de politique, qu'on devoit peu attendre d'un peuple qui passoit pour n'être qu'à demi-civilisé. Ils entrèrent sur le territoire chinois comme auxiliaires contre deux chefs de rebelles; mais ils virent bientôt qu'ils pouvoient jouer le premier rôle. Après avoir assis leur chef sur le trône vacant, au lieu de se comporter en conquérans, ils se fondirent dans la masse du peuple conquis. Ils adoptèrent l'habillement, les mœurs et les opinions du peuple.

Ils confièrent les magistratures civiles aux plus habiles des Chinois, en les préférant à ceux de leur nation. Ils apprirent la langue du pays, s'allièrent à des familles chinoises ; ils en encouragèrent les superstitions ; en un mot, ils n'omirent rien de ce qui tendoit à ne faire des deux nations qu'un seul peuple. Leur principal objet fut de fortifier l'armée avec leurs compatriotes, tandis que les Chinois, satisfaits de ce changement, doutoient presque qu'il fût arrivé.

La succession non interrompue de quatre empereurs, qui tous eurent un jugement excellent, une vigueur d'esprit peu commune, et un caractère décidé, a jusqu'à présent repoussé tout danger d'une trop grande disproportion entre les maîtres et ceux qui leur obéissent. La sagesse, la prudence, l'énergie de ces souverains n'ont pas seulement maintenu sur le trône leur famille, dont le cinquième rejeton règne aujourd'hui ; ces qualités leur ont encore servi à donner à leurs états un agrandissement dont l'histoire ne fournit point d'objet de comparaison.

L'empereur régnant, *Kia-King*, réunit, dit-on, le savoir et la prudence de son père, à la fermeté de Kaung-Chy ; mais il est probable que le gouvernement sera pour lui une tâche plus difficile que pour aucun de ses prédécesseurs.

A mesure que les Tartares ont augmenté leur puissance, ils ont montré moins d'empressement à ménager les Chinois. Tous les chefs des départemens sont aujourd'hui Tartares ; les ministres le sont également ; tous les emplois de confiance ou qui donnent un grand pouvoir, sont accordés aux Tartares.

Quoique l'on parle encore à la cour l'ancienne langue du pays, il est probable que l'orgueil des Tartares croissant avec leur autorité, ils finiront par y substituer leur idiome.

L'empereur Kaung-Chy prit beaucoup de peines pour perfectionner la langue mantcheou, et en a fait rédiger un dictionnaire complet. Tchien-Long a ordonné que tous les enfans dont l'un des parens seroit Tartare, et l'autre Chinois, seroient instruits dans la langue mantcheou, et qu'ils subiroient des examens dans cette langue avant d'occuper des emplois.

J'ajouterai que les jeunes princes de la famille impériale, à Yuen-Min-Yuen, parloient avec un grand mépris des Chinois. Un d'eux voyant que je desirois m'instruire dans la langue écrite de la Chine, s'efforça de me convaincre que la langue tartare étoit infiniment supérieure. Il offrit non-seulement de me procurer un alphabet et des livres, mais de m'instruire lui-même si je voulois renoncer à l'écriture chinoise, que la vie toute entière d'un homme, disoit-il, ne suffisoit pas pour apprendre.

Je ne pus m'empêcher de remarquer le plaisir que ressentoient ces jeunes princes lorsqu'on lançoit quelque trait contre les Chinois. Ils applaudissoient vivement à tout ce que l'on disoit contre les pieds estropiés et l'habillement ridicule des Chinoises ; mais ils étoient fâchés d'entendre comparer les énormes souliers des femmes tartares aux larges jonques des chinois.

Le caractère naturel des Tartares s'est conservé le même, et ceux qui remplissent les premières places ne savent plus dissimuler. Pleins de l'idée de leur supériorité, ils écrasent et épouvantent les malheureux Chinois.

« La plupart de nos livres, dit
« lord Macartney, confondent les
« deux peuples, et en parlent

« comme s'ils ne faisoient qu'une
« seule nation, sous le nom collectif
« de Chinois. Mais quelque induc-
« tion que l'on puisse tirer des ap-
« parences, le monarque sait faire
« entre eux une grande distinction :
« quoiqu'il se pique d'impartialité,
« la prévention nationale perce dans
« toute sa conduite; il ne perd pas
« un instant de vue le berceau de
« sa puissance. »

« En Orient, les chefs du gou-
« vernement ont une autre politi-
« que que ceux de l'Occident. Lors-
« qu'une fois, en Europe, les contes-
« tations relatives à la succession
« d'un royaume sont terminées par
« la force ou par un accord, la
« nation rentre dans sa tranquillité
« première, et reprend ses mêmes

« habitudes. Peu importe que ce
« soit un Bourbon ou un Autri-
« chien qui occupe le trône de Na-
« ples ou d'Espagne, parce que le
« souverain, quel qu'il soit, s'iden-
« tifie absolument avec les Espa-
« gnols ou les Napolitains, et que
« ses descendans le surpassent en-
« core en cela. Georges premier et
« Georges second ont cessé d'être
« étrangers dès le moment où le
« sceptre de la Grande-Bretagne fut
« fixé dans leurs mains. Sa majesté
« régnante n'est pas moins anglaise
« que le roi Alfred ou le roi Edgard.
« Elle gouverne son peuple, non
« par les lois teutoniques, mais par
« les lois anglaises. »

« En Asie, c'est tout le contraire.
« Là, un prince considère le lieu

« où il est né, comme une chose
« fortuite et de peu d'importance.
« Il pense que si la souche pater-
« nelle est bonne, elle fleurira dans
« tous les sols, et acquerra peut-
« être par la transplantation une
« vigueur nouvelle. Ce ne sont point
« les localités qu'il considère, mais
« sa caste et sa famille ; ce n'est
« point le pays où il a commencé à
« respirer, mais le tronc dont il
« est sorti ; ce n'est point la déco-
« ration du théâtre, mais l'esprit
« du drame, qui captivent son atten-
« tion et occupent ses pensées. »

« Deux siècles écoulés ont vu ré-
« gner huit ou dix monarques sans
« que les Mongouls soient devenus
« Indous ; un siècle et demi n'a point
« fait de Tchien-Long un Chinois.

« Le souverain de la Chine est en
« ce moment, dans toutes ses maxi-
« mes politiques, un Tartare aussi
« vrai qu'aucun de ses ancêtres. »

Il est impossible de présager combien de temps cet empire conservera parmi les hommes, sa stabilité et l'intégrité de son territoire; mais il est certain qu'un grand mécontentement fermente parmi les Chinois; et le ton impérieux que prennent ouvertement les Tartares, doit assez les justifier. Obligés de se taire et de se soumettre, s'ils veulent parvenir à quelque emploi, les Chinois unanimement détestent au fond du cœur ceux envers qui ils sauvent les apparences (1).

---

(1) Les dernières nouvelles de la Chine sont des plus alarmantes. Une

En quelque temps qu'ait lieu le démembrement ou la dislocation de

rébellion très-violente a éclaté dans la province de l'ouest, et s'est étendue jusqu'à Canton. Elle a pour objet de détrôner la dynastie tartare. On savoit, il y a quelques années, ainsi que je l'ai rapporté, que certaines sociétés secrètes se formoient dans les diverses provinces ; qu'elles correspondoient entre elles par un chiffre de convention ; mais on ne les croyoit pas assez dangereuses pour causer de l'inquiétude au gouvernement. Il paroît cependant qu'il ne s'est pas rassemblé moins de quarante mille hommes dans la province de Canton. A la tête des insurgés étoit un homme de la famille des derniers empereurs chinois, il avoit pris la couleur jaune, qui est la couleur impériale. Ces rebelles semblent être singulièrement encoura-

cette énorme machine, par une révolte ou une révolution, ce sera

─────────────

gés dans leur entreprise, par une prophétie qui court parmi le peuple, et suivant laquelle la dynastie actuelle des Tartares seroit renversée en 1804. L'existence d'une telle prophétie est plus dangereuse au gouvernement que les armes des rebelles, car elle contribue d'elle-même à son accomplissement.

(*Note de l'Auteur.*)

Addition du Traducteur. — L'année 1804 s'est écoulée sans que la prédiction annoncée plus haut se soit réalisée, mais les troubles ne se sont pas, à beaucoup près, dissipés. On dit même que l'ambassade russe, que le cabinet de Saint-Pétersbourg vient d'envoyer à la Chine, et qui devoit passer à travers la Tartarie et ces déserts im-

aux dépens de la vie de plusieurs millions d'hommes. En effet, comme l'observe lord Macartney :
« Le passage subit de l'esclavage
« à la liberté, de l'obéissance au
» pouvoir, ne sauroit se faire avec
« modération ou discrétion. Tout
» changement dans la condition de
« l'homme, doit être doux, et arri-
« ver par degrés insensibles ; autre-
« ment il est dangereux et à celui
« qui l'éprouve et à ceux qui l'en-
» tourent. Il faut pour la liberté,
« comme pour l'inoculation de la
« petite-vérole, une certaine prépa-

---

menses qui séparent les deux empires, a été sur le point de rétrograder, à cause des insurrections qui se sont manifestées jusque dans les districts du nord.

« ration. Ce remède assure la santé
« du corps physique, comme la
« liberté est la santé du corps poli-
« tique; mais sans préparation ils
« donnent toujours la mort.

« Si donc les Chinois ne soulè-
« vent point par degrés le joug qui
« les écrase, s'ils le secouent dans
« un transport d'enthousiasme, ils
« tomberont à coup sûr dans toutes
« les extravagances, dans tous les
« paroxismes de la rage, et ils se
« montreront aussi peu propres à
« jouir d'une liberté raisonnable,
« que certains Français exagérés,
« et que les nègres des Antilles.

CHAPITRE XI.

L'ambassade part de Pékin. — Conjectures sur l'origine des Chinois. — Observations sur les hauteurs de la Tartarie. — Sectes diverses. — Faux rapports des missionnaires sur la religion des Chinois.

La conduite soupçonneuse et la vigilance du gouvernement chinois, à l'égard des étrangers, s'accordoient mal avec cet esprit de liberté et d'indépendance qui anime les Anglais. Emprisonnés, pour ainsi dire, dans les limites de leur hôtel, la populeuse capitale de la Chine n'étoit pour eux qu'un désert. Ils eurent donc peu de regrets de quitter un lieu qu'on ne pouvoit considérer autrement que comme une prison honorable, et de prendre congé d'un peuple dont l'orgueil, la bassesse et l'ignorance semblent être le caractère dominant.

Après avoir passé quelque temps au milieu d'une nation chez qui tout officier subalterne est un tyran, et tout homme un esclave, on trouve doublement précieux les bienfaits de cette liberté véritable dont notre heureuse constitution nous permet de jouir. Chez nous, la propriété est à l'abri de toute violence; la vie du dernier des sujets n'est pas moins protégée que celle du prince.

Que ces visionnaires qui s'amusent à construire des Utopies (1); que ceux qu'aigrissent l'oubli, juste ou mal fondé du gouvernement, et le chagrin d'être déçus dans leurs espérances, visitent les nations étrangères; qu'ils examinent comment ailleurs on administre la justice; et ils seront forcés

---

(1) C'est le titre du célèbre ouvrage du chancelier Thomas Morus. Il est rempli d'excellentes vues; mais par malheur elles sont presque toutes inexécutables. Thomas Morus, à l'instar de Platon et du bon abbé de St.-Pierre, n'a pas supposé les hommes parfaits; mais il a supposé le plus grand nombre capable d'entendre la voix de la raison, de la vérité, et même de son propre intérêt.

(*Note du Trad.*)

de convenir que la liberté réelle n'existe que dans la Grande-Bretagne; dans cette île fortunée, où, pour me servir des expressions de l'estimable écrivain qui a comparé les lois des nations (1). — « Une « piété éclairée est chez le peuple « le plus ferme appui de l'autorité « légale, et dans le cœur du sou- « verain, le gage de la sûreté et de « la confiance du peuple. »

Rempli de ces sentimens, je montai à cheval dans la soirée du 7 octobre 1793, et parcourus pour la dernière fois les rues de Pékin, accompagné de M. Maxwell. Nous étions absolument seuls, sans aucun domestique chinois, sans offi-

---

(1) Vattel.

cier ni soldat ; cependant nous trouvâmes aisément notre chemin; nous passâmes dans les grandes rues de la capitale, d'une extrémité à l'autre, sans le moindre désagrément, et même sans que l'on parût prendre garde à nous.

Il étoit impossible de ne pas observer le singulier contraste que présentent à cette heure du jour, les deux plus grandes cités du monde. Dans les rues de Pékin, après cinq ou six heures du soir, il est rare de rencontrer aucune créature humaine; mais elles sont infestées de chiens et de pourceaux. Tous les habitans, après avoir terminé leurs affaires de la journée, se retirent chez eux pour manger leur riz, et conformément à la coutume de leur grand empereur, qui est une loi pour eux, ils se couchent après le soleil couché.

Dans le même temps, à Londres, la foule est si grande depuis le coin d'*Hyde-Parck* jusqu'à *Mileend*, qu'à peine peut-on y passer.

A Pékin, dès le lever de l'aurore, le bourdonnement et le bruit que fait le peuple dans les rues, ressemble à celui d'un immense essaim d'abeilles; tandis qu'au contraire, à Londres, dans la matinée, les rues sont presque désertes.

A huit heures du soir, même au cœur de l'été, les portes de Pékin sont fermées; on en envoye les clefs chez le gouverneur, et on ne les ouvre plus pour quelque considération que ce soit.

L'ambassadeur et le reste de sa suite, avec les soldats, les domestiques et les musiciens, avoient, quelques heures avant nous, fait une sorte de procession. Un officier du gouvernement étoit à cheval et marchoit à la tête, portant dans une boîte de bois, couverte de cire jaune, et attachée sur ses épaules, la lettre de l'empereur de la Chine au roi d'Angleterre.

Nous rejoignîmes fort tard dans la nuit, le cortége dans les faubourgs de *Tong-Tchou-Fou*. Nous y fûmes encore logés avec les dieux du pays, dans un temple consacré à la divinité tutélaire de la ville.

Il n'y a point d'auberges dans ce vaste empire. On y trouve bien des lieux de repos, mais point de maisons habitées et meublées, dans lesquelles, moyennant une somme d'argent, un voyageur puisse se procurer le gîte et un bon repas.

L'état de la société n'admet point d'établissemens de cette nature ; et cela ne vient point, comme dans d'autres pays, de l'empressement désintéressé des habitans, à exercer les devoirs de l'hospitalité ; au contraire ils ferment impitoyablement leur porte aux étrangers.

Ce qu'ils appellent auberges, ce sont de misérables huttes, où il n'y a que les murailles : un étranger s'y procurera peut-être une tasse de thé, et la permission de passer la nuit, au prix de quelque monnoie de cuivre ; mais voilà tous les avantages qu'il doit y attendre.

Il est vrai que l'on fait rarement, en Chine, des voyages par terre, si ce n'est dans les districts où il n'y a point de canaux, ou lorsqu'ils sont glacés; en sorte que le passage accidentel de quelques voyageurs, ne procureroit pas un gain suffisant pour entretenir une maison un peu décente et commode.

Les officiers d'état prennent habituellement leurs logemens dans les temples, qui sont plus commodes qu'aucune maison du pays. Les prêtres sachant bien que toute résistance ou représentation seroient inutiles, se soumettent patiemment et cèdent sans murmurer.

Dans la plupart des pays civilisés, les batimens consacrés au service divin, et sur-tout les chapelles où l'on entretient les idoles, sont généralement réputés sacrés. En Europe, dans les endroits où il n'y a point d'auberges, les moines logent quelquefois les étrangers dans les cellules de leur couvent; mais en Chine, le saint des saints lui-même est envahi. Les gens en place s'établissent par-tout où ils le desirent; quelquefois aussi l'édifice tout entier devient le rendez-vous des vagabonds et des paresseux. Les bateleurs s'y trouvent mêlés avec les dieux, et les prêtres avec les filous.

Il est juste d'observer que les prêtres des deux cultes qui dominent dans l'empire, ne montrent point d'inclination à favoriser, par leur exemple, les penchans vicieux de la multitude ; mais comme ils ne reçoivent point de traitement du gouvernement, et qu'ils sont plutôt tolérés que soutenus, ils sont obligés de fermer les yeux sur des abus de cette nature, et de souffrir que la populace s'empare des temples aux heures même de dévotion.

Cependant la décence de ses actions, une sorte de fierté et de dignité dans son maintien distinguent promptement un prêtre chinois du vulgaire. Les calomnies que quelques ardens missionnaires ont perfidement publiées contre eux, ne paroissent point fondées. La ressemblance de leurs vêtemens et de leurs rites avec ceux de l'église romaine est si frappante, et humilie si fort les missionnaires, qu'aucun de ceux à qui j'en parlai ne pouvoit prononcer sans colère le nom des prêtres chinois. Il me fut impossible de déterminer notre interprète chinois du collége de la *propagande*, à entrer dans un temple où l'autel étoit dressé, quoiqu'il montrât, sous tous les autres rapports, une prédilection marquée pour les coutumes de son pays. Nous ne pûmes le persuader de nous donner ou de recueillir des renseignemens sur les mystères de l'idolâtrie chinoise.

Il n'y a peut-être point de sujet dont un voyageur puisse parler avec moins de confiance, que les opinions religieuses d'un peuple chez qui le hasard l'a conduit, sur-tout dans ces contrées lointaines dont les opinions remontent à une antiquité reculée.

Les allusions allégoriques dans lesquelles elles peuvent originairement avoir été enveloppées, les changemens qu'elles ont soufferts depuis, les cérémonies et les types sous lesquels elles sont encore présentées dans leur parure moderne, les rendent si complètement inintelligibles, qu'elles nous paroissent absurdes et ridicules, toutes raisonnables qu'elles puissent avoir été dans le principe ; enfin elles ne sont pas plus explicables par le peuple même qui les professe, qu'aux étrangers des contrées les plus éloignées.

S*

Les différens modes par lesquels les nations reconnoissent le créateur et le régulateur de l'univers, tendent tous au même but, mais par des routes différentes. On ne peut en acquérir une idée complète que par une parfaite connoissance de la langue, de l'histoire et des habitudes du peuple, de son origine, de ses liaisons avec les autres nations; et encore, avec toutes ces connoissances, il n'est pas aisé de séparer la fable des métaphores, et le vrai de la fiction.

C'est pour cela que la religion de la Chine paroît aussi obscure, aussi inexplicable que celle des autres contrées de l'Orient. Les difficultés de la langue, la répugnance du gouvernement à recevoir les étrangers, ont mis des obstacles presque insurmontables aux éclaircissemens qu'on voudroit avoir sur cet objet compliqué. Le petit nombre de ceux qui auroient pu en triompher, se sont trouvés malheureusement appartenir à une classe d'hommes dont les opinions sont tellement dominées par les préjugés et les dogmes de leur propre religion, qu'il ne faut pas toujours s'en rapporter à leurs assertions.

Il y auroit de la présomption de ma part à imaginer que je suis propre à lever ce voile ténébreux qui couvre la religion populaire de la Chine. Mais comme il est impossible de ne pas découvrir dans les rites de ce culte une origine commune avec ceux des autres nations anciennes, il convient peut-être que je fasse quelques remarques à ce sujet, et que j'examine si nous trouvons dans l'histoire des traces de la manière dont les Chinois ont pu recevoir des autres nations, ou au contraire leur communiquer les superstitions et la partie métaphysique de leur croyance.

Le rapport frappant qui se trouve entre quelques points de la mythologie des anciens Egyptiens et des Grecs, avec celle de la Chine, a fait croire au savant de Guignes et à plusieurs jésuites, qu'à une époque très-reculée une colonie égyptienne y avoit passé.

Cela ne paroît pas vraisemblable. Les Chinois ne sont point un mélange de peuples, mais une race

distincte; leurs traits n'ont rien de
la figure des antiques Egyptiens. Il
n'est même pas nécessaire de supposer une telle liaison, pour expliquer les vestiges de mythologie
égyptienne que l'on voit dans leurs
temples. L'histoire nous apprend
que lorsqu'Alexandre fit ses conquêtes dans l'Inde, environ 300
ans avant l'ère chrétienne, plusieurs
savans grecs l'accompagnèrent dans
cette expédition mémorable. Nous
savons aussi que deux cents ans
après cette époque, lorsque les
persécutions et les cruautés de
Ptolémée-Physcon eurent chassé
d'Alexandrie une foule de Grecs et
d'Egyptiens recommandables par
leur savoir et leur piété, ces exilés
allèrent chercher dans l'Orient un

asyle chez les Perses et les Indiens ; en sorte qu'il n'est point extraordinaire de rencontrer les superstitions grecques et égyptiennes parmi les Orientaux, quand même il n'y resteroit aucun vestige de leur langue.

On a observé en effet que les colonies qui abandonnent leur patrie pour se fixer sur un territoire étranger, perdent plus facilement leur idiome maternel que leurs dogmes religieux et leurs superstitions. La nécessité peut bien engager les colons à adopter la langue du nouveau pays qu'ils habitent ; mais les mesures coercitives dont on useroit pour leur faire embrasser un autre culte, ne feroient que les fortifier dans celui de leurs pères.

Les Français réfugiés au cap de Bonne-Espérance ont totalement perdu, en soixante-dix ans, la langue de leur patrie; et ce qui paroîtra encore plus étrange, j'ai rencontré sur les limites du pays des Caffres, un déserteur écossais qui avoit tellement oublié sa langue en trois ans, qu'il ne pouvoit plus se faire entendre. Il est avéré que plusieurs langues se sont perdues, et que d'autres ont éprouvé tant de changemens, qu'elles ont à peine conservé quelques-uns de leurs caractères primitifs (1).

---

(1) Cette considération sur la facilité avec laquelle disparoissent les langues, et sur-tout celles dont les sons fugitifs n'ont jamais été fixés par l'invention

M. Bailly et quelques autres savans ont pensé que l'on retrouvoit

---

de l'écriture, rend fort surprenante une assertion de lord Kames. Après avoir observé, dans ses *Essais sur l'origine et les progrès des nations américaines*, qu'on n'avoit découvert aucun passage par terre entre l'ancien et le nouveau monde, il a prétendu qu'on trouveroit d'une manière encore plus positive si l'Amérique a été peuplée par les habitans du continent opposé, en vérifiant si les habitans des deux côtés du détroit qui sépare le nord de l'Amérique du Kamschatka, parlent le même langage.

Il résout cette question par la négative, et en conclut que les Asiatiques septentrionaux n'ont point peuplé l'Amérique. Si lord Kames n'eût point été fortement préoccupé de l'idée que plusieurs fragmens des fables antiques et absurdes de la Chine, dans l'ancienne histoire des Indiens, depuis la naissance de Fou-Hi, fon-

la création a eu lieu sur plusieurs points séparés du monde, et s'il n'eût point écrit pour soutenir ce système, il eût, sans contredit, donné plus de poids à la ressemblance physique de ces nations, à celle de leurs rites et de leurs superstitions, qu'à l'analogie de leur idiome. En effet, de toutes les institutions humaines, la langue est la plus susceptible de variations, sur-tout si elle n'est point fixée par des caractères écrits. Le raisonnement de cet auteur est d'autant plus extraordinaire, qu'il avoit déja accordé qu'à tout autre égard les deux nations avoient entre elles une ressemblance parfaite.

Tom. IV. T

dateur de l'empire, jusqu'à l'introduction du culte de Bouddha ou de Fo.

Il est vrai que comme les Indous, les Chinois ont une prédilection remarquable pour le nombre neuf. Confucius l'appelle le plus parfait de tous les nombres. Mais les Scythes et les Tartares l'ont aussi considéré comme sacré.

Il est encore certain qu'ils se rapprochent des nations de l'Inde, en faisant des sacrifices solennels vers les solstices et les équinoxes; en faisant des offrandes aux mânes de leurs ancêtres, par la crainte qu'ils ont de ne point laisser d'héritiers qui rendent ces hommages solennels à leur mémoire par leur division du zodiaque, et une foule d'autres circonstances. M. Bryant explique tout cela en supposant que les Egyptiens, les Romains et les Indiens sortoient de la même souche, et que quelqu'un de ces peuples avoit porté sa religion et ses connoissances en Chine.

Au reste, on ne donne aucune preuve de cette communication, et l'on pourroit, avec autant de probabilité, soutenir précisément la thèse contraire.

La constitution physique des Chinois prouve assez qu'ils ne tirent point leur origine de ces nations. Leur œil petit et arrondi à son extrémité du côté du nez, au lieu de former avec lui un angle comme dans les figures européennes ; sa position qui est oblique au lieu d'être horizontale ; ce nez qui a une racine large et aplatie, sont autant de caractères qui les séparent des Indous, des Grecs et des Romains. Ils appartiennent plutôt aux naturels de ces régions étendues que les anciens connoissoient sous le nom de Scythie, et que les modernes appellent Tartarie.

Il n'y a point dans la nature deux hommes qui diffèrent plus sensiblement qu'un Chinois et un Indou, en mettant à part la différence des couleurs, quoique les recherches des modernes aient prouvé que la coloration a fort peu ou n'a point du tout de rapport avec le climat, mais qu'elle tient plutôt à la conformation originaire des différentes races.

Les Mantcheoux et toutes les tribus tartares limitrophes de la Chine, se distinguent fort peu des Chinois. La couleur, les yeux et l'ensemble des traits sont, à quelques exceptions près, les mêmes sur le continent de l'Asie, depuis le Tropique du Cancer jusqu'à la mer Glaciale (1).

La péninsule de Malacca, les îles sans nombre éparses sur l'océan

---

(1) Il est assez remarquable que l'empereur *Kaung-Chi*, en parlant, dans un de ses édits, des différentes nations de l'Asie et de l'Europe, ait dit : « Au nord du pays des Cosaques est « établie une horde de *Hou-tse* (les « Turcs), qui ont une origine com- « mune avec les *Yuen-tai-tsé*, autre- « fois empereurs de la Chine. »

T*

oriental et habitées par les Malais, aussi bien que celles du Japon et de *Lieou-Kiou*, ont été évidemment peuplées par la même race d'hommes.

La première tribu au nord de l'Indostan chez laquelle se retrouve la conformation des Tartares, si différente de celle des Indous, ce sont les habitans du Boutan.

« Les Boutaniens, dit le capi-
« taine *Turner*, ont tous les che-
« veux noirs, et les coupent ordi-
« nairement très-courts. Leur œil
« est fort remarquable ; il est petit,
« noir, et a les angles pointus (1).

---

(1) M. Turner parle ici des angles extérieurs des yeux, qui, chez les Chinois, sont de même, et qui pa-

« comme s'il avoit été allongé par des
« procédés artificiels. Leurs sourcils
« sont peu apparens. Au-dessous
« de l'œil la figure s'aplatit et se
« rétrécit depuis les os des joues
« jusqu'au menton, caractère de
« physionomie qui semble avoir pris
« son origine chez les Chinois. »

Les hauteurs de la Tartarie dominant la surface du globe, ont été considérées comme le berceau de l'espèce humaine. Cette opinion n'est pas seulement appuyée sur ce que l'on retrouve la configuration des Tarres chez tant de nations qui couvrent toute la surface de l'orient, et dont les hordes innombrables ont jadis

---

roissent d'autant plus allongés que l'extrémité opposée est arrondie.

inondé l'Europe; mais elle est fondée sur cette hypothèse que toute la surface du globe, ou au moins la plus grande partie, a été autrefois submergée, et que la Tartarie fut la dernière région que les eaux couvrirent et la première qu'elles abandonnèrent. On suppose par conséquent que dans ce pays, comme dans une sorte d'ateliers, le petit nombre d'hommes échappés au désastre forma une race nouvelle, qui devint le germe des générations futures.

Presque toutes les parties de la terre offrent les preuves les moins équivoques d'une inondation diluvienne; sans parler de ces corps marins qu'on a trouvés sur les plus hautes montagnes, loin de la mer, et à une grande profondeur dans la terre, et en ne considérant que la formation de ces montagnes elles-mêmes. Les plus élevées, excepté celles de granit, sont ordinairement composées de couches régulières et horizontales, tellement disposées, que leur forme et leur arrangement ne sauroient être expliqués par des causes naturelles, à moins de supposer qu'elles ont été mises autrefois dans l'état de fluidité, soit par l'eau, soit par le feu, chose qui n'est pas encore décidée entre les volcanistes ou les neptunistes (1).

---

(1) On est assez généralement d'accord sur la formation des bancs de pierre calcaire, meulière, etc., et l'on n'est en dispute que sur l'origine

Les montagnes de la Tartarie sont sans contredit les plus hautes de l'ancien continent, et ne sont surpassées que par celles de l'Amérique. Gerbillon, qui étoit assez bon mathématicien, et ne manquoit pas d'instrumens, assure que le mont *Pe-Tcha*, très-inférieur à plusieurs de ceux de la Tartarie, est de 15,000 pieds au-dessus du

---

des *basaltes*. Les volcanistes les supposent être le produit immédiat des volcans, tandis que les neptunistes soutiennent que ces masses prismatiques sont le résultat du dépôt et de la précipitation progressive de matières suspendues dans l'eau. Les Allemands professent presque exclusivement cette dernière doctrine.

(*Note du Trad.*)

niveau des plaines de la Chine. Cette montagne et beaucoup d'autres du même pays, est composée de pierres de sable, et s'appuie sur des plaines de sable, mélangé de sel gemme (1) et de salpêtre.

Le *Scha-mon*, grand désert sablonneux qui s'étend sur la frontière nord-ouest de la Chine, et la divise de la Tartarie occidentale, n'est pas moins élevé que le *Pe-tcha*,

---

(1) Il y a dans l'original *rock-ealt*, qui signifie sel de roche. M. C***, qui probablement n'a pas cherché dans son dictionnaire, a cru que c'étoient deux choses distinctes, et il a traduit ainsi : « des plaines de sable, *mêlées de rochers, de sel et de salpêtre.* »

(*Note du Trad.*)

et l'on dit qu'il ressemble au lit de l'océan. Quelques-unes des montagnes qui dominent cette *mer de sable* (c'est ce que son nom signifie), ne peuvent avoir moins de 20,000 pieds au-dessus du niveau de l'océan oriental.

FIN DU TOME QUATRIÈME.

TABLE DES CHAPITRES
CONTENUS DANS CE VOLUME.

CHAP. IX. — Architecture. — Grande muraille. — Canal impérial. — Cimetières. — Histoire naturelle. — Médecine et chirurgie.   pag. 1

CHAP. X. — Gouvernemens et lois de la Chine. — Délits et peines. — Procès civils. — Disgrace du premier ministre. — Calendrier et gazette de la cour. — Liberté de la presse. — Impôts et Revenus. — Changemens dans l'administration.   68

CHAP. XI. — L'ambassade part de Pékin. — Conjectures sur l'origine des Chinois. — Observations sur les hauteurs de la Tartarie. — Sectes diverses. — Faux rapports des missionnaires sur la religion des Chinois.   197

Tom. IV.

BIBLIOTHEQUE NATIONALE
Désinfection 1984
N° 3128